잃어버린 시간을 돌려드립니다

– 하루 10분으로 시작하는 시간 관리 매직 –

허필선 리더

김규림 남은주 유효실 이은영 이희수 임윤정 정일연 조영미 최지연

잃어버린 시간을 돌려드립니다

발 행 2024년 10월 14일
저 자 허필선 김규림 남은주 유효실 이은영
       이희수 임윤정 정일연 조영미 최지연
디자인 남은주
펴낸이 허필선

펴낸곳 행복한 북창고
출판등록 2021년 8월 3일(제2021-35호)
주 소 인천 부평구 원적로361 216동 1602호
전 화 010-3343-9667
이메일 pilsunheo@gmail.com
홈페이지 https://www.hbookhouse.com

판매가 | 18,000원
ISBN 979-11-93231-16-6 (03190)

* 잘못 만들어진 책은 구입하신 서점에서 교환해 드립니다.
* 본 책은 저작자의 지적 재산으로서 무단 전재와 복제를 금합니다.

목차

프롤로그 ·· 7

1부 시간을 파는 상점

1장 잃어버린 시간을 찾아서
1-1 당신이 매일 피곤한 이유 ································ 16
1-2 동영상의 늪에서 탈출하기 ······························ 22
1-3 선택은 포기의 다른 말 ····································· 29
1-4 시간 소비 습관 ··· 36
1-5 우리의 뇌는 생각보다 멍청하다 ····················· 45
1-6 불편해야 습관이 된다 ····································· 53
1-7 상상하는 대로 만들어진다 ······························ 60

2장 시간을 내 편으로 만드는 방법
2-1 꿈을 되돌리다 ··· 66
2-2 꿈을 선택하다 ··· 73
2-3 미래를 바꾸는 방법 ·· 78
2-4 꿈이라면 간절해야 한다 ·································· 83
2-5 상상은 미래, 행동은 현재 ································ 88
2-6 겁나 빠른 거북이의 습관 만들기 ···················· 95
2-7 열심히보다 되게 하기 ······································ 103
2-8 중요한 일에 최대의 에너지를 쏟다 ················ 112
2-9 미래를 위한 현재의 투자 ································ 118

3장 오늘 하루를 관리합니다

3-1 하루 10분으로 완벽한 하루 만들기 ·············· 126
3-2 시간에 대한 메타인지 ································ 134
3-3 어떤 순서로 할 것인가 ······························ 141
3-4 중요한 일을 하고 있는가? ························· 147
3-5 슬시생 다이어리를 소개합니다 ···················· 153
3-6 시간의 복리 법칙 ····································· 156

2부 시간을 사는 사람들

4장 시간의 속도가 변하다

4-1 온전한 나의 시간을 찾다 | 유효실 ··············· 166
4-2 포스트잇 한 장이 주는 행복 | 남은주 ··········· 172
4-3 시작하는 순간 반은 하고 있다 | 정일연 ········· 178
4-4 늘 실패했던 시간 관리 | 최지연 ·················· 183
4-5 하루를 결정하는 아침 5분의 시간 | 이은영 ····· 188
4-6 균형은 찾고, 혼란은 잠재우고 | 임윤정 ········· 195
4-7 나, 오늘 왜 바빴지? | 남은주 ····················· 201
4-8 잠시만 | 조영미 ······································ 207
4-9 게으른 완벽주의자의 시간 관리 | 최지연 ········ 211

5장 설램이 찾아오는 시간

5-1 삶을 풍요롭게 만드는 시간 관리 | 김규림 ············ 218
5-2 시간 부자의 행복 키우기 | 임윤정 ················· 222
5-3 아버지께 전화 드리기 | 이희수 ·················· 227
5-4 여유로움에 이르는 길 | 이희수 ·················· 232
5-5 시간 관리는 선택과 집중 | 이은영 ················ 237
5-6 시간이라는 보석 줍기 | 정일연 ·················· 242
5-7 너도 이거 해봐 | 조영미 ····················· 246
5-8 타이머로 얻은 작은 행복 | 유효실 ················ 250

에필로그 ······································· 254

프롤로그

삶의 주도권을 찾아서

 필자는 '못합니다.'라는 말을 잘 하지 않는다. 대신 '지금은 할 줄 모릅니다.'라고 대답한다. 우리가 못하는 것은 지금은 어떻게 하는지 모를 뿐이다. 누구나 무엇이든 얼마간의 시간과 에너지를 들여 배우면 할 수 있는 일이 된다. 못하는 일이 할 수 있는 일이 되기까지 걸리는 시간이 필요할 뿐이다.

 사람에 따라 걸리는 시간이 다를 수는 있다. 어떤 사람에게는 10년의 세월이 걸리는 일을 다른 사람은 5년 또는 1년에 해낸다. 세상에 못 할 일은 없다. 단지 할 수 있는 일이 되기까지의 시간이 필요할 뿐이다. 지금은 못 하는 일이라도 시간과 에너지를 쏟으면 할 수 있는 일이 된다. 문제는 시간을 어떻게 관리하느냐에 따라 차이가 있을 뿐이다.

 굳이 왜 시간을 관리해야 할까? 더 많은 일을 하기 위해서?

아니다. 시간 관리를 해야 하는 이유는 삶의 주도권을 가져오기 위함이다. 굳이 바쁘지 않아도 되는 하루를 시간 주도권이 없기에 바쁘게 보내야 한다. 하루에 너무 많은 일을 하지 않아도 되는데, 시간 주도권이 없기에 너무 많은 일을 한다. 그렇게 바쁘다는 이유로 행복도 뺏기고, 자유도 뺏기고 산다. 삶의 주도권을 가지고 오기 위해서는 우선 시간의 주도권을 가지고 와야 한다. 삶의 흐름에 넘겨줬던 주도권을, 인생에 중요하지 않은 사람에게 넘겨줬던 주도권을, 별 의미없는 일에게 넘겨줬던 주도권을 찾아와야 한다.

시간 관리란, 시간을 온전히 나를 위해서 쓰기 위한 노력이고, 더욱더 나답게 살기 위한 투쟁이다. 시간을 다른 이에게 양보하지 않겠다는 다짐이며, 삶을 주도적으로 살겠다는 의지다. 언젠가부터 잊고 있던 시간을 다시 생각해보는 시간을 만들고, 매일 매 순간 더욱더 나답게 살겠다는 의지의 표현이다.

자신의 삶을 한 번 돌아보자. 자신은 얼마나 많은 시간을 자신에게 투자했는가? 오늘 하루 더욱 나다워지기 위해 나 자신에게 얼마나 많은 시간을 사용했는가? 오늘 나를 위한 시간이 기억나지 않는다면, 자신에게 미안해해야 한다. 현재의 나 때문에 원하는 모습으로 살지 못하는 미래의 나에게 미안

해야 한다. 그리고 이제 결심해야 한다. 이젠 더 이상 미래의 나에게 미안한 모습은 보이지 말자. 아무도 몰라도 언제나 나를 지켜보는 이가 있다. 바로 미래의 나이다. 미래의 나는 아무 말도 하지 않고 그저 지켜보고 있다. 단지 지금의 모습을 안타까워할 뿐이다.

10분이 만드는 기적

첫 회사에 들어가서 시간 관리를 시작했으니, 언 20년이 되었다. 필자에게 시간 관리란 효율성을 높여 여유를 찾는 의미였다. 그래서 포스트잇 한 장에, A4용지 한 장으로 쓱쓱 썼다. 오랜 시간이 필요하지도 않다. 단 10분이면 충분하다. 많은 사람들이 나에게 물어본다. "그 많은 일을 어떻게 다 하세요?" 답은 단순하다. "매일 10분 정도 시간 관리를 하면 돼요." 사람들은 장난인지 알지만 사실이다. 10분이라는 짧은 시간이지만 하루를 예상하고 관리하기에 충분한 시간이다. 그리고 시간 관리에 그 이상의 시간이 들인다면, 그건 시간 관리라는 이름의 시간 낭비다.

시간 관리에 관해 물어보는 사람이 너무 많아 관리 양식도 만들고 챌린지도 시작했다. 챌린지를 시작하고 반응은 뜨거웠다. 아주 작고 단순한 양식이지만 삶을 변하게 했다는 얘기를 듣고 또 들었다. 이렇게 반응이 좋다면 우리의 효과를 다른 사람들에게도 알리면 좋겠다는 생각이 들었다. 이 책의 시작은 그랬다. 다음 페이지에 있는 QR코드는 시간 관리 양식을 다운받을 수 있는 QR코드이다. 책을 읽으면서 최소한 딱 한달만이라도 사용해봤으면 한다. 분명 삶이 달라지는 것을 느낄 것이다.

 책에 있는 모든 내용은 필작가 그리고 참가자가 실제 시간관리를 실천하며 느낀 내용이다. 우리가 직접 써보고 경험하고 느낀 삶의 변화를 알려주고 싶었다. 이 책은 그렇게 시작되었다. 그리고 지금 이렇게 여러분이 만나고 있다.

　　　　 2024. 8월의 무더운 어느날에 - 허필선 리더

〈시간 관리 떡메모지 양식 다운로드 QR코드〉

〈시간 관리 다이어리 구매 QR코드〉

1부
시간을 파는 상점

1장
잃어버린 시간을 찾아서

1-1 당신이 매일 피곤한 이유 ··················	16
1-2 동영상의 늪에서 탈출하기 ··················	22
1-3 선택은 포기의 다른 말 ··················	29
1-4 시간 소비 습관 ··················	36
1-5 우리의 뇌는 생각보다 멍청하다 ··················	45
1-6 불편해야 습관이 된다 ··················	53
1-7 상상하는 대로 만들어진다 ··················	60

1-1 당신이 매일 피곤한 이유

만성 피로의 허바쁘씨

허바쁘씨는 피곤한 눈을 비비며 아침에 일어난다. 시계가 7시 30을 가리킨다. 분명 6시부터 몇 번에 걸쳐 알람을 맞춰 놓았는데, 알람 소리를 들은 기억이 없다. 눈을 떠보니 부재중 알람만 잔뜩 보인다. 일어나야 할 시간보다 삼십 분이나 지났다. 씻을 시간도 없다. 대충 양치와 세수하고 머리를 감으니 10분이 지나 7시 40분이다. 평소 같으면 30분 걸리던 일을 10분 만에 끝냈다. 눈에 보이는 대로 대충 옷을 입고 용수철처럼 튀어 나가 엘리베이터에 탔다. '아뿔싸, 스마트폰을 두고 왔다.' 다시 집으로 가서 스마트폰을 챙겨 나온다.

졸린 몸을 이끌고 회사에 도착한다. 5분 지각이다. '아 놔' 팀장이 뭐라고 한마디 한다. "너는 왜 매일 지각이냐!" 할 말이 없다. 어줍이가 되어서 자리에 앉아 컴퓨터를 켠다. 처리해야 할 이메일이 서른 개나 도착해 있다. '밤사이에 도대체 무슨 일이 있었던 걸까? 나만 빼고 모두 잠을 안 자는 걸까?' 오전 내내 메일을 처리한다. 팀장은 오늘까지 보고서를 올리라고 한다. 갈등이다. 메일을 먼저 처리할까? 아니면 팀장이 지시한 보고서를 먼저 쓸까? 보고서를 먼저 쓰기로 한다. 지각하여 아침에 혼났는데, 보고서까지 늦으면 더 혼날 것이 뻔하기 때문이다. 보고서를 쓰고 나니 점심시간이다. 다행이다. 그래도 한 시간은 쉴 수 있으니까. 점심을 먹고 잠시 유튜브의 숏츠를 본다. 분명 아주 잠시 봤는데 점심시간이 끝났다.

  이제 밀린 메일에 대한 답변을 보낸다. 메일을 처리하니 이미 오후 5시다. 이제 옆 부서에서 요청한 일을 처리한다. 오늘까지 처리해 달라고 했는데 퇴근 시간인 6시까지 마칠 수 없을 것 같다. 야근해야 한다. 아내는 빨리 퇴근해서 애 좀 보라고 하지만 어쩔 수 없다. 옆 부서에서 요청한 일을 다 끝내니 7시다. "오늘도 하얗게 불태웠다. 이제 그만 집에 가자." 지하철을 타고 집에 도착하니 8시다. 씻고 밥 먹고 애랑 놀아주니 10시다. 하루가 다 지나갔다. 그래도 이제부터는 나만의 시간이다. 넷플릭스를 열어 보고 싶던 드라마를 본다. 큰 재미는 없지만, 하루 중 나에게 가장 소중한 시간이다. 12시가 되어 넷플릭스를 끄고 잠자리에 누웠다. 점심에 보던 유튜브 동영상이 생각난다. 조금만 보고 자려고 했다. 그런데 생각보다 재미가 없다. 바로 밑에 있는 숏츠에 눈길이 간다. 숏츠를 살짝 눌러본다. 별로다. 다음으로 넘긴다. 그리고 다음, 다음, 다음…. 헉 새벽 2시다. 자야 한다. 눈이 사르르 감기는 걸 보니 자야 할 때가 되었나 보다.

이건 데자뷰?

아침이다. 피곤한 눈을 비비며 일어난다. 시계는 7시 반을 가리킨다. 분명 6시부터 몇번에 걸쳐 알람을 맞춰 놓았는데 이상한 일이다. 알람 소리를 들은 기억이 없다. 눈을 떠보니 부재중 알람만 잔뜩 보인다.

"이상하다. 데자뷰인가?" 분명 겪었던 일 같은 느낌 같은 느낌이 있다. 헐레벌떡 씻고 옷을 입고 엘리베이터에 탄다. 아뿔싸, 스마트폰을 집에 두고 나왔다.

평범한 직장인의 일상이다. 허바뻐씨는 분명 열심히 살고 있다. 아침부터 정신 차릴 겨를도 없이 분주하게 보내고 저녁에 잠들 때까지 쉬지 않고 바쁜 하루를 산다. 할 일은 산더미처럼 쌓여있고 개인적인 시간을 가질 수 없는 바쁜 일상이 반복된다. 매일 피곤하고 졸려서 뭐 하나 제대로 할 수가 없다. 자기계발을 하거나 책을 읽거나 뭐 하나 배우려 해도 시간이 없다. 하루하루가 이렇게 피곤한데 회사에 다니며 자기계발을 하는 사람들의 에너지는 어디서 나오는지 도무지 이해가 안 된다. 허바뻐씨는 오늘도 어제 같은 오늘을 산다.

한 번 생각해보자. 허바뻐씨는 정말 에너지와 시간이 없을까? 그렇다면 허바뻐씨의 미래는 어떠한 탈출구도 없는 걸까? 정말 그럴까? 필자도 위와 같은 삶을 살던 평범한 직장인이었다. 매일 바쁘게 살았다. 하루에 낙이라곤 저녁 식사 후에 유튜브를 보며 낮에 쌓인 피로를 푸는 것이 전부였다. 업무를 일찍 마치고 책을 읽는 것은 좋은 직장에 다니는 사람이나 가능하다고 생각했다. 중소기업에서 매일 바쁘게 사는 나에게 다른 생각, 다른 일을 한다는 것은 사치처럼 생각되었다.

그러던 어느 날, 언제까지 이렇게 살아야 하는 건지, 정말 내 삶은 바뀔 수 없는지 의문이 들었다. 그때부터 삶의 방향을 아주 조금 바꿔보기로 했다. 드라마 시청을 멈추고 유튜브 동영상을 멀리하는 대신, 글과 친해지는 연습을 했다. 책을 읽고 일기를 썼다. 그렇게 아주 작은 변화들이 쌓이자 서서히 삶이 변하기 시작했다. 그리고 수년간 변화를 쌓으니 이전과 완전히 다른 삶을 살고 있다. 책을 만들고, 독서를 하고, 강의하고, 예전의 나처럼 목적없이 바쁘게 사는 사람들에게 동기부여를 하고, 다른 단체들과 협업을 한다. 이 모든 것이 회사에 다니면서도 가능하다. 항상 시간이 부족했던 내가 이제는 전보다 몇 배 더 많은 일을 하는 시간 부자가 되었다.

함부로 써도 되는 시간은 없다

만약 퇴근 후의 저녁 시간이 쉬는 시간이 아니라, 업무 시간이었어도 그리 헛되이 보낼까? 그럴 수 없을 것이다. 일하는 시간에는 화장실 갈 시간도 없으면서, 저녁 이후 자신만의 시간이 되면, 낮에 바빴던 것에 대한 보상이라도 받듯 시간을 허투루 보낸다. 낮동안 일하며 받은 스트레스에 대한 보상으로 저녁에는 좀 나태해도 된다고 여겼다. 이런 보상심리와 강박관념이 저녁 시간을 아무것도 하지 않고 헛되이 보내도록 만들었다. 문제는 나태함이라는 보상을 선택하는 순간, 끊임없는 바쁨을 감수해야 한다는 점이다. 삶을 이미 충분히 열심히 살고 있기에 더 이상의 노력은 할 수 없고, 미래는 예견된 것이고 내 인생에 변화는 불가능하다고 생각했다. 목표는 오직 더 높은 직책 아니면 더 좋은 회사로의 이직하는 것이 전부였다.

어찌 보면, 삶에 있어서 가장 중요한 시간은 일하지 않아도 되는 시간일지도 모른다. 일하는 시간이 현재의 자신을 위한 시간이라면, 퇴근 후의 시간은 미래의 자신을 위한 시간이다.

현재 얼마나 열심히 사는지는 중요하지 않다. 미래는 지금 당장 급한 일을 얼마나 했는지보다 중요한 일을 얼마나 했는지에 따라 달라지기 때문이다. 현재에 꼭 해야 할 일을 했다는 건 현재의 만족은 가져올 수 있어도 미래의 변화는 기대하지 못한다. 휴식을 위한 시간이라고 각인된 저녁 시간과 세상에 홀로 깨어있는 것 같은 새벽 시간은 미래의 변화를 위해 온전히 나에게 주어진 시간이다. 미래의 내 모습은 일하지 않아도 되는 시간을 어떻게 사용하느냐에 달려있다.

나에게 질문하기

하루 버려지는 시간 파악하기
- 하루에 동영상을 몇 시간 보는가?
- 나는 아침에 개운하게 일어나는가?
- 새벽이나 저녁 시간에 주로 무엇을 하는가?
- 저녁에 불필요한 일을 하느라 늦게 자고 있는가?
  이 일에 몇 시간을 허비하는가?

1-2 동영상의 늪에서 탈출하기

하루에 몇 시간이나 동영상의 늪에 빠져 있을까?

우리는 하루 생활하면서 동영상에 얼마나 노출되어 있을까? 삼성 갤럭시 스마트폰에는 동영상을 얼마나 시청했는지 알 수 있는 메뉴가 있다. 설정 탭에는 '디지털 웰빙 및 자녀 보호 기능'이라는 메뉴다. 이 메뉴에 들어가면 동영상을 얼마나 봤는지, 어떤 앱을 주로 사용했는지 알 수 있다. 유튜브 같은 앱에 하루 사용 가능 시간을 설정한 후 설정한 시간에 도달하면 알람이 울리며 영상을 멈추게 하는 기능이다.

필자는 그렇게 많이 동영상을 본다고 생각하지 않았는데, 오늘 본 동영상 시간을 확인해 보니 3시간 48분이다. 필자만 이런 건 아닐 것이다. 사람들 대부분이 비슷할 것이다. 자신은 동영상을 얼마 보지 않았다고 생각하겠지만, 막상 확인해 보면 하루 중 상당히 많은 시간 동안 동영상을 봤을 것이다.

요즘은 동영상 중에서도 1분 이내의 쇼츠 영상을 보는 시간이 상당히 길어졌다. 예전에는 유튜브 동영상을 보면 보통은 끝까지 봤는데 요즘은 동영상이 조금만 지루해도 바로 아래에 어떤 쇼츠 영상이 있는지 본다. 그리고 잠깐 클릭해서 몇 개의 쇼츠 영상을 보면 한 시간이 훌쩍 지나간다. 유튜브뿐만이 아니다. 인스타그램의 사진을 보다가도 릴스로 넘어가고, 페이스북도 마찬가지다. 틱톡으로 시작한 쇼츠 영상은 SNS를 점령하기 시작했고 우리 삶도 점령하여 시간을 블랙홀처럼 흡수하고 있다.

우리는 매일 바쁘게 살아가고 시간이 없다는 말을 입에 달고 산다. 책을 읽겠다고 결심해도 시간이 없어서 읽지 못한다고 한다. 심지어 할 일이 많아 잠잘 시간조차 없다고 한다. 하지만 신기한 점은 시간이 없어서 책을 읽지 못하고 잠 잘 시간도 없는 사람이 하루 한 시간 이상 동영상을 본다는 점이다. 매일 시간이 없다고 하면서 왜 동영상의 늪에서는 헤어나지 못하는 것일까?

과연 동영상은 재미있을까?

한번 생각해보자. 쇼츠 영상이 재미있는가? 기억에 남을 만큼 재미있는 영상이 얼마나 될까? 수십 수백 개의 영상을 봐도 얻을 수 있는 재미는 그리 많지 않다. 그리고 유용하지도 않다. 심지어 기억에 남지도 않는다.

쇼츠 영상은 편하게 자극을 줄 뿐이다. 엄지손가락만을 사용한 최소한의 움직임으로 지속적인 자극을 준다. 쉬움과 자극적인 동영상이 합쳐진 쇼츠 영상은 우리를 지속적인 흥분 상태로 만들고, 호르몬을 자극해 빠져나올 수 없는 중독상태로 만든다. 동영상의 재미와 가치는 중요하지 않다. 편함과 흥분 그리고 알고리즘은 우리를 자발적으로 동영상의 늪에 빠지게 하여 소중한 시간을 블랙홀처럼 빨아들인다. 그리고 헤어날 수 없는 중독이라는 마약을 던져준다.

동영상 중독에서 뺏긴 시간만 찾아올 수 있다면, 대부분 사람이 하루에 두세 시간 정도는 넉넉히 만들 수 있다. 그 시간만 잘 활용해도 충분히 다른 삶을 살 수 있다. 늘 시간이 부족했던 사람에서 시간 부자로 바뀔 수 있다. 대단한 무엇이 필요한 게 아니다. 단지 편함에서 벗어날 의지만 있으면 된다. 편함에서 벗어나 불편함을 선택할 의지가 있다면, 분명 지금과는 다른 미래가 열릴 것이다. 누구나 공평하게 얻을 수 있는 최고의 자원은 시간이다.

동영상 끊기

처음부터 자신의 의지로 동영상을 끊기는 쉽지 않다. 관성의 힘이 어제의 편안함을 계속해서 추구하도록 만들기 때문이다. 하지만 몇 가지 단순하고 간단한 방법을 통해 동영상과 멀어질 수 있다. 의지를 믿지 말고 그렇게 될 수밖에 없는 환경을 만들어야 한다.

동영상의 늪에서 헤어나오는 첫 번째 방법은 동영상 관련 앱을 클릭하기 어렵게 하는 것이다. 우선 바탕화면에서 유튜브 등 동영상 앱을 없앤다. 눈에 잘 띄지 않게 하는 것은 무의식적인 행동을 막아주는 효과가 있다. 나도 모르게 무의식적으로 동영상 앱을 누르는 동작을 막는다. 동영상 앱을 바탕화면에서 삭제하고 찾는 과정을 복잡하게 해놓으면 무의식적인 행동이 의식적인 행동으로 바뀌어 편함을 불편함으로 만든다. 그래서 버튼을 무의식적으로 누르지 않고 한 번 더 생각할 시간을 준다. 즉 '편안함'을 '불편함'으로 만들어 버튼을 누르기 전 생각할 시간을 버는 것이다.

두 번째 방법은 무의식적으로 누르는 유튜브 앱을 대신할 만한 앱을 바탕화면에 꺼내 놓는 것이다. 학습이나 신문, 독서, 가계부, 부동산과 같은 앱이 있다. 자신이 유튜브를 대신

해서 사용할 앱을 지정한 후, 자투리 시간에 스마트폰을 만질 때 그 앱을 누르는 것을 습관화해야 한다. 자투리 시간에 동영상 앱을 누르던 습관을 없애고, 삶에 도움이 되는 앱을 사용하는 습관을 만들자. 이때 중요한 것은 새로 선정한 앱이 재미있어야 한다는 점이다.

운동이 유익하다는 걸 알면서도 운동하지 않는 이유는 재미가 없어서이다. 새로운 앱이 재미없거나 흥미를 느끼지 못한다면 얼마 지나지 않아 다시 동영상을 보게 될 것이다. 그래서 새로운 어플을 선정할 때는 유용성과 가치만 보는 것이 아니라 자신의 흥미를 자극하는지도 살펴야 한다.

대체할 앱을 찾을 때는 다른 사람이 권하는 것보다 자신이 직접 찾는 것이 좋다. 다른 사람이 좋다고 하더라도 자신이 목표하는 삶과 방향성이 맞지 않는다면 오래 사용하지 못하기 때문이다. 자신이 그리는 미래에 맞는 방향이어야 하고, 지속해도 사용하는 것이 힘들지 않고 즐거운 자극이 되어야 습관이 되고 오랫동안 사용할 수 있다.

의지를 믿지 말고 환경을 믿어라

동영상을 사용해서 잃어버린 시간을 기회비용으로 따지면 얼마일까? 간단히 5년 동안 매일 3시간씩 봤다고 하자. 5년 × 3시간 × 365일 = 5,475시간이다. 이 시간에 책을 읽었다면 천 권 정도 읽었을 것이고, SNS 포스팅을 했으면 적어도 SNS 인플루언서는 될 정도의 시간이다. 또는 다른 분야의 공부를 했다면 적어도 그 분야의 준전문가 소리는 들을 것이다. 잠시 생각 없이 습관적으로 누른 동영상이 우리의 미래를 빼앗는 가장 무서운 빌런일지도 모른다.

오늘 동영상을 몇 시간 봤다면 지금 자신이 얼마나 무서운 일을 벌이고 있는지 알아야 한다. 현재 어떤 행동을 하던 시간은 항상 복리로 작용한다. 오늘 자신이 가진 시간을 흥청망청 쓰면, 미래에 감당할 수 없는 시간의 빚으로 찾아온다. 현재의 시간을 미래를 위해 투자한다면 이 또한 시간의 복리가 작용해 미래에 엄청난 열매로 보답한다.

환경을 바꾸면 인생이 바뀐다. 좋지 않은 것을 멀리 두고 좋은 것을 가까이 두는 것이 바라는 미래를 얻는 첫걸음이다. 집에 돌아오면 스마트폰을 최대한 멀리 떨어트려 놓자. 단 며칠만이라도 집에 들어오면서 스마트폰을 신발장에 넣어보자. 아니면 가방에 넣어보자. 아니면 단 하루만이라도 스마트폰으로부터 자유로워져 보자. 며칠만 스마트폰의 동영상 속 세상에서 벗어나 현실의 세상이 주는 아름다움과 유익을 느껴보자. 뛰어노는 아이의 예쁜 모습에 집중해보고, 저녁 식탁에 올라온 음식의 색과 식감과 맛과 향을 온전히 느껴보자. 7인치의 스마트폰 스크린 세상에서 벗어나 현실의 아름다운 세상을 마주하자. 나의 현실은 너무 거대해서 작은 스마트폰으로 담을 수 없다. 우리가 사는 현실의 세상은 7인치의 스마트폰 화면보다 훨씬 가치가 있고 훨씬 아름답다.

나에게 질문하기

1. 하루 동영상 보는 시간 파악하기
 - 디지털 웰빙 설정에서 동영상 시청 시간 확인하기
2. 동영상 보는 시간 설정하고 관리하기
 - 동영상 시청 제한 시간 설정하기
3. 스마트폰 멀리하기
 - 집에 오면 가방에 넣기

1-3 선택은 포기의 다른 말

뭘 잘할 수 있으세요?

열심히 자기계발하는 사람을 만났다. 항상 새로운 일을 찾아다니고, 정말 다양한 일을 하고 있었다. 요리를 배우고, 수영도 하고, 영어 공부도 하고, 미라클 모닝을 하고, 마라톤을 했다. 책은 4권 정도를 동시에 읽는다고 했다. 잠자리에서 읽는 책이 있고, 고전도 필요해서 읽는다고 했고, 에세이는 별도로 읽는다고 하고 그림책과 동화책도 읽고, 자기계발서도 읽는다고 했다.

첫인상에서 느껴지는 것은 정신없음이었다. 말을 할 때도 집중이라곤 찾아볼 수 없었다. 몇 가지 주제를 왔다 갔다 하면서 끊임없이 말하는데, 무슨 말을 하고 싶은지 도무지 알 수가 없었다. 우선 책을 여러 가지 읽는다고 해서 책과 관련하여 질문했다.

"지금 읽는 책 소개 좀 해주세요."

"자기계발서는 월요일하고 수요일에 읽고요. 에세이는 화요일과 목요일에 읽어요. 아이들과 책 읽기를 하고 있어서 좀 더 잘 읽어주려고 동화책과 그림책도 자주 보고요. 자기 전에는 명언집을 읽어요. 금요일과 토요일에는 인문학책을 읽고요. 일요일에는 진도가 느려진 책을 읽어요. 근데 책 읽는 건 재미있는데 남는 게 없어요. 내용도 기억이 잘 안 나고요. 그것 말고도 제가 하는 게 많거든요. 마라톤도 하는데요. 운동하면서 몸이 좋아진 것 같아요. 전에는 5km도 못 뛰었는데 얼마 전에는 10km 마라톤도 뛰었어요. 그런데 요즘에는 음식 만들기가 재미있어요."

"아니, 책 얘기를 해보세요. 지금 읽는 책이 어떤 내용인가요?"

"아. 책이요? 어떤 책 말씀이세요? 자기계발서는 좀 어렵긴 한데요. 그래도 도움이 될 것 같아서 읽고 있어요. 그리고 에세이가 재미있기는 해요. 제 삶을 위로해주는 친구 같아요. 그래서 자기계발서를 읽는 게 중요한 걸 알면서도 자꾸만 에세이에 손이 가요. 자기계발서 읽는 날은 따로 잡아놨어요."

"아니, 지금 읽는 자기계발서요. 그 책은 어떤 내용이에요?"

"아 자기계발서요? 성공하기 위해서는 긍정적인 마인드가 중요하다는 내용이에요. 제가요, 전에는 많이 우울했거든요. 산후우울증도 있었고요. 그래서 안 좋은 생각도 한 적이 있어요. 근데 이제 괜찮아졌어요. 다른 사람들도 다 그렇지 않나요? 뭐 그럴 때도 있는 거죠."

"아니, 책 내용이 뭐냐고요."

성공은 특이점에서 시작한다

결국, 그 사람에게선 읽고 있는 자기계발서가 어떤 내용인지 듣지 못했다. 최근 들어 자기계발하는 사람들이 많아졌다. 하지만 성공하는 사람이 많아졌다는 것은 아니다. 시작하는 사람은 많은데 자기가 원하는 성과까지 가는 사람은 드물다. 성과를 내는 구간까지 가지 못하고, 시작한 지 얼마 지나지 않아 포기하고 예전의 삶으로 돌아간다. 아니면 자기계발을 하고 있지만, 잘못된 방법으로 인해 성과 없이 쳇바퀴 돌기만 한다. 겉으로는 그럴싸해 보이지만 속을 들여다보면 바쁘기만 하고, 실제로는 도움이 안 되는 자기계발을 한다.

자기계발이란 생각과 행동 패턴을 바꾸고 발달시켜 지금과는 다른 삶의 모습을 가진다는 의미다. 성과는 얼마나 많은 것을 했는지로 판가름 나지 않는다. 잘하는 일로 어떤 결과를 만드는지에 달려있다. 그렇기에 우선 잘할 수 있는 한 가지를 만들어야 한다. 그리고 성과를 내야 한다.

잘하는 한가지 일이 특이점을 넘어 다른 사람과의 차별화를 만들어냈을 때, 작은 성공 하나를 만들고, 그 성공은 스노

우볼이 되어 더 큰 성공으로 연결된다. 성과는 얼마나 많은 일을 해봤는지와는 상관없다. 하나의 일이 어느 정도 수준에 올라섰는지에 달려있다. 많은 시도를 했음에도 다른 사람과 차별화된 능력에 오르지 못한다면 자기계발이 아닌 취미 생활에 지나지 않는다. 시도가 아니라 성과에 의미를 두어야 한다. 나무에는 수많은 가지가 있지만 다른 가지와의 차별화하지 못하면 가지치기할 때 잘려진다. 다른 가지보다 굵고 튼튼한 가지가 되어야 살아남을 수 있다.

계획이 실패가 되지 않게

연초가 되면 누구나 위대한 계획을 세운다. 마치 무슨 일이든 다 해낼 수 있을 것 같다는 느낌에 말이다. 하지만 시간이 지나면서 위대한 계획은 대단한 계획으로 바뀌고, 조금 더 시간이 지나면 다시 작은 계획으로 바뀌고, 또 얼마 지나지 않아 작은 계획마저도 사라진다. 그리고 연말이 되면 후회섞인 자책으로 이어진다.

"나는 왜 이렇게 끈기가 없을까?"

우리는 한 번에 너무 많은 것을 하려고 한다. 하지만 대부분은 중간에 포기한다. 그리고 위로한다. '시도한 것만으로도 의미가 있는 거야.' 아니다. 얼마 지나지 않아 포기할 거였으면 하지 않는 것이 낫다. 포기할 일에 들어간 시간과 에너지가 아깝기 때문이다. 그 시간과 에너지를 정말 필요한 일에 쏟았으면 더 빠르게 성과를 낼 수 있었을 것이다.

얼마 지나지 않아 포기할 일을 시도하고 포기하는 것은 이전에 하던 일이 어려운 단계에 들어서자 하기싫어 핑계로 찾은 일인지도 모른다. 새로운 일이 핑계거리인지 정말 해야했던 일인지를 냉철하게 생각해보자. '시도한 것에 의미를 두는 것은 자기 위안을 삼기 위한 것은 아니었을까?' 자기 위안을 위해 몇 시간과 얼마의 에너지를 버렸는가?

여러 가지를 해도 좋지만 다 잘할 수는 없다. 아니 한 가지를 잘하는 것도 결코 쉬운 일이 아니다. 어느 일이든 성과를 내기 위해선 힘든 구간을 견뎌내야 한다. 수많은 시간과 에너지를 쏟고, 포기하고 싶은 순간을 직면하는 용기와 실패의 아픔을 이겨낼 의지의 시기를 거친 후에 성과가 찾아온다. 다른 사람이 잘하는 모습을 부러워하기보단 힘든 시기를 견뎌내지 못하는 자신의 성급한 포기를 안타까워해야 한다. 차별화는 인내의 열매이다. 많은 것을 하는 것보다 절대 포기할 수 없는 한 가지를 해야 한다.

에너지는 무한하지 않다. 변화를 위한 포기

필자는 영어 공부하는 방법을 알려달라는 사람들에게 영어가 정말 필요하지 않다면, 영어 공부 말고 다른 더 중요한 일, 지금 당장 꼭 해야 하는 일을 하라고 말하곤 한다. 영어가 필요없기 때문이 아니라 영어를 잘하는데 얼마의 시간이 필요한지 알기 때문이다. 그 시간에 삶에 더 도움이 되는 일, 지금 꼭 해야 하는 일을 하기 바라는 마음에서이다.

선택과 집중이 중요하다고 하지만 우리가 간과하는 것이 있다. 선택은 포기의 다른 말이라는 점이다. 선택이란 어떤 일을 포기할지, 포기하며 얻은 에너지를 중요한 일에 쏟는 작업이다. 무언가 포기하지 않는다면 무엇도 선택하지 않는다는 의미다. 누구나 하루에 사용할 수 있는 에너지는 정해져 있다. 우리 모두는 시간과 에너지가 부족하다. 포기하지 않으면 중요한 일에 사용해야 할 에너지를 중요하지 않은 일에 나눠 쓸 수밖에 없다. 지금 중요하지 않은 일을 포기하지 않는다면, 언젠가는 중요한 일을 포기해야 할 것이다.

인생이 계획대로 흘러가지 않는 이유는 중요하지 않은 일들이 현재에서 벗어나지 못하도록 나의 바짓가랑이를 붙잡고 놓아주지 않기 때문이다. 도저히 풀 수 없는 매듭을 풀기 위해 시간을 낭비하는 것보다 과감히 잘라내는 게 낫다.

중요한 일을 잘하려면 중요하지 않은 일에 들어가는 에너지를 아껴야 한다. 아낀 에너지는 중요한 일을 생각하고 시도하며 테스트하는 데 사용해야 한다. 그리고 나만의 성과를 만들어야 한다. 중요하다고 생각하는 일이 있다면 그 일에 있어서 비범해져야 한다. 다른 사람보다 더 많은 에너지와 시간을 쏟아 다른 이가 범접할 수 없는 특이점에 도달해야 한다. 중요한 일 단 한가지에 있어서만큼은 비범한 사람이 되어야 한다.

우리는 모두 안다. 인생은 결코 호락호락하지 않다. 지금 하고 싶은 일을 다 하려고 하면, 미래의 비범함을 포기해야 한다. 현재의 포기는 다른 미래를 선택하는 것이다. 영어 공부는 포기하자. 더 중요한 일, 더 시급한 일, 자신의 분야에서 비범해지는 일을 하자.

> **나에게 질문하기**
> 포기할 수 없는 하나 정하기
> - 인생을 바꿀 중요한 일 찾기

1-4 시간 소비 습관

허바뻐씨의 바쁜 하루

다시 허바뻐씨의 일상으로 들어가 보자. 허바뻐씨는 항상 바쁘다는 소리를 달고 산다. 아침에 허겁지겁 집에서 나와 한 시간 동안 지하철을 타고 출근한다. 스마트폰으로 뉴스 기사를 보려고 하지만, 사람들 어깨에 걸려 제대로 볼 수가 없다. 왜 이렇게 밀어대는지 기사를 볼 수 없어 짜증이 난다. 살인 사건 기사를 읽고 싶은데 제대로 볼 수가 없다.

지옥철을 타고 드디어 회사에 도착했다. 가방을 내려놓고 커피를 타서 담배를 피우기 위해 건물 밖으로 나간다. 엘리베이터를 타고 건물 밖으로 나가는 데만 10분이 걸렸다. 그래도 이 시간이 허바뻐씨가 가장 좋아하는 시간이다. 담배를 피우며 커피를 마시고 자리로 돌아온다. 밀린 일을 생각하니 벌써 머리가 지끈거린다. 이메일을 확인하니 10시에 회의가 있다. 이제 막 자리에 앉았는데 회의를 한단다. 언제 일을 하라는 건지 모르겠다. 잠시 이메일을 확인하고, 10시에 맞춰 회의실로 들어간다.

사람들이 오지 않았다. 짜증난다. 회의 시간이 되면 알아서 와야지, 왜 안 오는지 이해할 수가 없다. 오늘은 일진이 안 좋은 것 같다. 짜증 나는 일만 계속이다. 사람들이 모두 모이고 회의를 시작하기까지 20분이나 걸렸다. 긴 회의를 마치고 나니 점심시간이다. 직장인이 가장 사랑하는 점심시간, 식당까지 걸어가 밥을 먹고 직장 동료와 함께 커피숍으로 향했다. 점심 식사 후에는 상사 욕을 해야 소화가 잘된다. 커피를 마시며 오전의 짜증 났던 회의 얘기를 한다. 다시 생각해도 짜증이 한 바가지다.

어느덧 점심시간이 끝났다. 졸리다. 다시 커피를 타서 마시고 이제야 하루의 업무를 시작한다. 한 시간 정도 일했을까? 옆 부서 사람이 업무 협조를 요청하며 언제까지 할 수 있냐고 물어보는데 오늘은 안될 것 같다. 오늘 일을 이제야 시작해서 협조 요청한 일을 할 시간이 없다. 내일까지 하겠다고 하니 오늘 꼭 해달라고 한다. 짜증이 확 밀려와 한마디 쏘아붙인다.

"그렇게 급하시면 어제 얘기하셨어야죠. 2시에 와서 오늘까지 해달라는 게 말이 안 되잖아요."

"진짜 급해서 그래요. 부탁 좀 드릴게요."

오늘은 짜증의 연속이다. 바쁘게 일하다가 오후 5시에 옆부서 직원이 부탁한 일을 하기 위해 공장으로 향했다. 공장에 다녀오니 6시다. 퇴근 시간이다. 오늘도 정시 퇴근은 글렀다. 하던 일을 마치니 8시다. 이제 퇴근이다. 집에 가서 넷플릭스나 봐야겠다. 정말 피곤한 하루였다.

허계획씨의 계획적인 하루

허계획씨는 항상 계획적이다. 아침에 일어나면 하루가 어떻게 흘러갈지 예상해보고 독서와 가벼운 스트레칭으로 하루를 시작한다. 집에서 나와 지하철역까지 가면서 그날 해야 할 일을 생각한다. 가장 먼저 처리해야 할 일과 중요한 일을 떠올린다. 지하철을 타고 이어폰을 꽂고 '밀리의 서재' 앱으로 오디오북을 듣는다. 회사까지는 대략 한 시간이 걸린다. 책 내용에 집중하고 있어서 지하철이 붐벼도 개의치 않는다.

회사에 도착하면 커피를 타서 자리에 앉는다. 아침에 생각해둔 할 일을 다이어리에 빠르게 적는다. 3분이면 충분하다. 이메일을 살펴보며 빨리 답변할 수 있는 내용을 찾아 끝낸다. 그중 하나의 메일이 눈에 띈다. 10시에 회의가 있다는 것이다. 이제 50분 남았다. 최대한 빨리 이메일에 답변하고, 시간이 오래 걸리는 답변은 뒤로 미룬다. 50분 동안 긴급하게 답변해야 하는 건과 바로 답할 수 있는 건을 모두 처리했다. 10시가 되어 회의실에 들어갔다. 아직 사람들이 다 오지 않았다. 사람들이 모일 때까지 남은 이메일에 답변을 보낸다. 회의 시작 전 20분 동안 세 개의 메일을 해결했다. 회의가 길어져 12시가 되었다. 이메일을 하나 더 보내고 점심을 먹으러 간다.

식당까지 걸어가는 시간도 그냥 보내지 않는다. 읽을 책을 가지고 식당에 가서 음식이 나올 때까지 읽는다. 15분 동안 책을 읽었다. 음식을 먹는 내내 책의 다음 내용이 궁금하다. 식사가 끝나고 사람들은 커피숍으로 갔지만, 허계획씨는 식당에서 읽던 책을 읽으며 자리로 온다. 10분간 더 책을 읽었다. 오후 업무 시작 시각까지는 아직 20분이 남았다. 최대한 빨리 책을 읽었다. 이렇게 하니 점심시간에만 45분간 책을 읽었다.

1시가 돼서 자리에 앉아 아침에 미처 처리하지 못한 이메일에 대한 자료를 만들어 답변을 보낸다. 2시가 되니 모든 메일의 답변이 끝났다. 이제 좀 여유가 생겨 커피를 타온다. 그때 옆 부서 김위임 대리가 다가온다.

"선배, 지난번에는 정말 고마웠어요. 죄송한데 이것 좀 부탁드리면 안 될까요? 오늘 꼭 필요해서요."

"급해? 나 바쁜데. 그래도 우리 김위임 대리가 요청하는 일인데 해줘야지. 내일 점심은 네가 쏴."

"그럼요. 선배, 밥 한 끼 못 사겠어요? 항상 고마워요."

허계획씨는 바쁘다고 얘기했지만, 급한 일은 이미 끝내놓은 상태라 여유시간이 있었다. 동료도 도와주고, 생색도 내고 다음 날 점심값도 굳었으니 일석삼조라는 생각이 들었다. 김위임 대리의 부탁을 들어주기 위해선 공장에 가야 한다. 공장까지 왕복 30분, 공장에서 동료가 부탁한 일을 확인하는 데 30분, 총 1시간이 걸린다. 이 시간에도 귀에 이어폰을 꽂고 오디오북을 듣는다. 공장에서 확인할 때도 이어폰을 뺄 필요가 없어 오디오북을 들었다. 1시간 동안 오디오북을 들었다. 자리로 돌아와 자료를 만들어 김위임 대리에게 전달한다. 김위임 대리는 연신 고맙다며 다음날 맛있는 걸 산다고 다시 한 번 더 말한다. 큰일은 아닌데 고맙다는 소리도 듣고 밥도 산다고 하니 뿌듯하다.

3시 반이다. 이제 미뤄뒀던 중요한 일을 하면 오늘 할 일은 끝이다. 전부터 만들려고 했던 보고서를 만들다 보니 6시다. 다음날 할 일을 미리 체크하고 이어폰을 꽂고 회사를 나선다.

아침에 듣던 책을 듣기 시작한다. 지하철에서 1시간 동안 책을 들으며 집으로 갈 예정이다.

허바뻐 vs 허계획

허바뻐씨와 허계획씨는 비슷한 하루를 보낸다. 하지만 두 사람의 삶은 완전히 다르다. 허바뻐씨는 매사에 짜증이 가득하고, 자신이 항상 바쁘고 주위 상황이 짜증 나는 일뿐이라고 생각한다. 주위 사람들은 허바뻐씨가 까칠하고 접근하기 힘든 사람이라고 말한다. 반면 허계획씨는 하루가 자신이 의도한 대로 흘러가며 매일 꾸준히 성장하는 것을 느낀다. 다른 사람들도 허계획씨를 일을 잘하고 친절한 사람이라고 말한다.

둘의 차이는 무엇일까? 환경의 차이는 아니다. 두 사람 모두 비슷한 환경에 놓여 있다. 두 사람의 차이는 삶을 어떻게 받아들이고 행동하는지에 달려있다. 아침에 자신의 삶을 그리고 계획하며 사는 사람과 현재의 시간 속에서 살아가는 사람의 차이다.

사람들은 현재를 살라고 하고, 현재에 충실하라고 한다. 하지만 필자의 생각은 다르다. 현재보다 미래에 살아야 한다. 미래를 선명하게 그릴 수 있어야 하고, 다가올 미래를 위해 현재 어떤 것을 선택할지 생각해야 한다.

시간도 재활용이 필요하다

미래를 그리며 하루가 어떻게 흘러갈지 생각해 본 허계획씨는 허바뻐씨와 같은 환경에서도 오디오북을 3시간 들었고, 종이책을 45분 읽었다. 아마도 허계획씨는 집에 도착해서도 독서를 하고 강의를 듣고 글을 쓸 것이다.

사실 허바뻐씨와 허계획씨는 모두 필자의 모습이다. 허바뻐씨는 필자가 시간을 계획적으로 사용하기 이전의 모습이고, 허계획씨는 시간을 계획적으로 사용한 이후의 모습이다. 필자의 환경은 시간 계획을 하기 전과 후가 별로 다르지 않다. 하지만 삶은 완전히 달라졌다. 할 일을 더 빨리 끝낼 수 있게 됐고, 다양한 공부를 하고, 많은 성과를 내고 있다.

우리는 시간이 없어서 못 한다는 말을 쉽게 한다. 하지만 누구나 하루에 최소 2시간은 만들 수 있다. 자신이 인지하지 못하고 버려지는 시간이 하루에 최소 2시간은 넘기 때문이다. 필자는 사무실에서 공장으로 이동하는 왕복 30분 동안 이어폰으로 오디오북을 들었다. 책을 읽기 전에는 버려졌던 시간이다. 직장을 다니지 않고 살림하는 사람도 설거지하는 10

분, 빨래를 개는 10분 등 충분히 30분은 만들 수 있다. 단지 그 시간에 다른 걸 할 수 있다는 생각을 하지 않을 뿐이다. 시간은 없는 게 아니라 의미 없이 보내는 자투리 시간을 활용하지 못하는 것이다. 시간도 재활용이 필요하다.

나의 시간 소비 습관 확인하기

시간 소비 습관을 확인하는 좋은 방법이 있다. 아침에 일어나서 잠들 때까지 삼십 분 간격으로 무엇을 하는지 확인하는 것이다. 우리는 몇 시간 동안 어떤 일을 했다고 쉽게 말하지만, 실제로 일한 시간을 들여다보면 상당히 많은 시간을 낭비하고 있다. 딴생각을 하거나, 자리에서 벗어나 다른 일을 하거나, 스마트폰을 보거나, 전화통화를 하기도 한다. 그래서 실제로 일한 시간을 따져보면 예상했던 것보다 훨씬 적다. 필자가 실제로 일한 시간을 따져보니, 일한 시간은 총 근무시간의 절반 정도였다. 나머지 절반은 다른 일을 하거나, 시간을 낭비하고 있었다.

30분 간격으로 자신이 하는 일을 확인해 보면 상당한 시간을 낭비한다는 것을 알게 될 것이다. 물론 30분 간격으로 할 일을 확인하는 게 쉬운 일은 아니다. 하지만 하루나 이틀 정도는 해보면 좋겠다. 하루 이틀의 시간만으로도 자신의 생활 습관을 알 수 있으니, 시간을 내어 꼭 한 번 해보기 바란다.

삼십 분 간격으로 시간 확인하는 방법

1. 잠들기 전에 다음날 알람을 삼십 분 간격으로 모든 시간에 맞춰둔다. 벨 소리는 가능하면 소리를 작게 하거나 진동으로 하는 것이 좋다. 그렇지 않으면 주위 사람들이 이상하게 볼 수 있다.
2. 알람이 울리면 그때 하던 일을 적고, 실제 일한 시간을 적는다. 만약 일한 시간이 20분이면, 10분은 허비된 시간이다. 시간이 왜 허비되었는지 적는다.
3. 하루 동안 확인이 끝났다면, 일한 시간과 낭비한 시간을 계산해본다. 낭비한 시간을 줄일 방법을 찾아보고, 개선한다.
4. 한 달이나 여섯 달 간격으로 확인하면 좋다.

나에게 질문하기

30분 간격으로 시간 확인하기
 - 30분 간격 시간 테이블 만들고 한 일 확인하기
자투리 시간에 할 일을 정하고 실천하기
 - 5분, 10분이 생겼을 때 할 일 정하기

1-5 우리의 뇌는 생각보다 멍청하다

아무것도 안 하고 있지만, 더 아무것도 안 해야 한다

누구나 계획은 완벽하게 세운다. 얼마 지나지 않아 몸짱이 될 것처럼, 엄청난 다독가가 될 것처럼, 인플루언서가 될 것처럼 완벽한 계획을 세운다. 하지만 채 일주일이 지나지 않아, 행동은 계획처럼 되지 않는다는 걸 알게 된다.

우선 아침 일찍 일어나기로 한 계획부터 무너진다. 그리곤 독서는 엄청난 의지를 가진 사람이나 할 수 있는 일이었다는 걸 알게 된다. 매일 SNS에 글을 올리는 건 깜빡하고 잊었다는 핑계가 생긴다. 경제적 자유를 위한 공부는 이번 생에는 글러 먹었다는 걸 알게 된다.

전에 어느 개그맨이 만든 유행어가 있다. "왜 그럴까요?" 우리는 정말 왜 그럴까? 계획을 세울 때는 모든 일을 할 수 있을 것 같지만, 막상 실천해보면 맘처럼 제대로 되는 일이 없다. 내 몸뚱이는 천 년 전부터 저주를 받은 것 아닐까? 라는 생각이 든다. 분명 내 몸뚱이가 맞는대도 내 맘대로 움직여 주지 않는다.

계획대로 행동하지 못하는 습성을 이해하기 위해선 20만 년 전으로 거슬러 올라가야 한다. 인류가 두 발로 걷기 시작하면서 우리는 생존을 위해 진화했다. 힘없는 근육과 보온을 위한 털도 없이 외부에 그대로 노출된 피부는 다른 동물에 비해 안타까울 만큼 빈약했다. 앞발이 자유롭다는 것을 빼면 다른 동물보다 뭐 하나 나은 점이 없었다. 혹독한 자연에서 너무도 연약했던 인류는 생존에 모든 걸 걸어야 했다. 음식이 항상 부족했다. 언제 다시 음식을 먹을 수 있을지 모르니 다음 식량을 찾을 때까지 최대한 에너지를 아끼며 살아야 했다. 살아남기 위해 최소한의 에너지를 사용하는 것을 좋아하도록 진화했다. 서 있으면 앉고 싶고, 앉으면 눕고 싶어진다. 우리는 나태를 좋아하도록 설계되었다. 나태는 생존이라는 진화의 끈에 새겨진 지극히 당연한 행동이다.

적은 에너지를 써야 하는 인류에게 또 하나의 적이 있다. 바로 뇌다. 뇌는 1.4kg밖에 안 되지만, 우리가 사용하는 총 에너지의 20%를 사용한다. 아무것도 하지 않고 가만히 있어도 뇌 혼자서 20%의 에너지를 소모한다. 그래서 인류는 에너지를 아끼기 위해 의식적으로 하는 생각마저도 조심해야 했다.

뇌를 조금만 더 사용하면 다른 기관에서 사용할 에너지가 부족하기 때문이다. 그래서 인류는 가능하면 생각하지 않고 자동화하도록 진화했다. 이렇게 진화로 만들어진 자동화를 우리는 습관이라고 부른다. 습관은 반복적인 행동을 생각하지 않고 자동으로 하도록 해준다.

누구나 자신도 모르게 습관적으로 행동하는 자신을 보며 깜짝 놀란 경험이 있을 것이다. 습관이 무서운 이유는 의식을 거치지 않기 때문에 자신도 모르는 사이에 자연스럽게 일어난다는 것이다. 에너지 소비를 줄여 생존에 도움이 되던 고마운 습관이 이제는 생존을 위협하는 존재가 되고 있다.

세상이 바뀌어 현대는 에너지를 더 많이 쓰는 것이 생존에 유리한 시대가 되었다. 20만 년 동안 이어온 에너지 절약의 본능은 더 이상 생존에 도움이 되지 않는다. 이제 인류는 에너지 절약을 포기하고 에너지를 많이 소비해야 한다. 하지만 우리 뇌는 여전히 에너지를 아끼기 위해 가만히 있으려는 경향이 강하다. 20만 년 동안 유지해온 프로그램에서 벗어나지 못하고 있기 때문이다. 그래서 새로운 일은 항상 힘들고, 움직여야 하는 일, 특히 운동은 단 1분이라도 하기 싫은 것이다. 이런 모습은 지극히 정상이다. 축하한다. 누워서 유튜브 보는 것을 좋아하는 당신은 정상이다. 다만, 20만 년 전에는 어울

렸을지 몰라도 지금은 그렇지 않을 뿐이다.

보상회로를 자극해라

그렇다면 20만 년 동안의 진화를 통해 형성된 습관을 이기고, 에너지를 많이 쓰며 활발하게 행동하는 사람이 되는 방법은 무엇일까? 가만히 있으려는 뇌를 움직이게 하려면 '힘들다'는 생각을 '즐겁다'로 바꿔야 한다.

예를 들어, 암벽등반을 좋아하는 사람은 왜 죽을 위험을 무릅쓰고 끊임없이 산에 오를까? 낚시를 좋아하는 사람은 왜 아내의 잔소리를 들어가면서도 주말이면 낚시를 하러 갈까? 그 이유는 암벽등반을 하고 물고기를 낚는 동안 아드레날린이라는 호르몬을 보상받기 때문이다. 다른 활동에서는 느끼지 못하는 짜릿함을 느끼면, 그때의 기분을 다시 한번 느끼고 싶어진다. 아드레날린이라는 중독성의 호르몬을 다시 한번 느끼기 위해 죽을지도 모른다는 걱정이나 아내의 잔소리를 뒤로 하고 산으로 바다로 떠난다.

우리가 에너지를 많이 소모하는 일을 꾸준히 하기 위해서는, 암벽등반과 낚시가 주는 보상과 비슷한 짜릿한 보상 프로그램이 필요하다. 하고자 하는 행동이 힘들고 하기 싫은 것이 아니라, 즐겁고 희열을 느끼도록 도와주는 보상 프로그램이 필요한 것이다. 그렇다면 어떤 보상이 있을까?

뇌 속이기

보상을 만드는 첫 번째 방법은 미래의 보상을 현재 느끼는 것이다. 우리의 뇌는 생각보다 멍청하다. 현재와 미래를 구분하지 못한다. 상상하면 그것이 현실에 존재하는 것으로 여긴다. 어린아이가 꿈과 현실을 잘 구분하지 못하는 것처럼 뇌는 미래를 현실과 구분하지 못한다. 많은 자기계발서와 성공한 사람들은 자신의 목표를 글로 쓰고 읽으라고 한다. 심지어 하루에 100번씩 쓰라고도 한다. 또 뇌를 속이기 위해 현재형으로 쓰라고 한다. 자신이 목표하는 것을 현재 시점으로 쓰고, 이루어졌다고 생각하면 뇌도 이루어졌다고 여긴다.

그런데 이루어졌다고 생각하는 것이 현실과 다르면 인지부조화가 일어나 생각과 현실을 일치시키려고 한다. 말한 것이 진실이 아니라는 불편한 상태보다 말한 것이 진실이라는 편안한 상태를 추구하려 한다. 그래서 말한 것이 진실이 되게 하려고 무의식적으로 방법을 찾는다. 이때 우리는 습관이라는 강력한 도구를 사용할 수 있다. 습관을 통해 미래의 모습과 현재를 일치시킬 수 있다.

예를 들어, 작가가 되고 싶다면 작가가 된 상태, 저자 강연을 할 때 사람들의 반응 등을 현재 시점으로 상상하고 그 감정을 느껴본다. 얼마나 기쁜지 온몸이 짜릿해지는 기분을 느껴본다. 그리고 매일 글을 쓴다. 얼마나 기쁜지, 온몸이 짜릿해지는 기분을 느껴본다. 그리고 매일 글을 쓴다. 그러면 뇌는 책쓰는 방법, 글을 잘 쓰는 방법을 찾아 알려주며, 최대한 빨리 작가가 되도록 미래를 현실로 끌어온다. 미래를 현재로 생각하면 지금 당장 그렇게 되어야 하기 때문이다. 원하는 미래를 현재인 것처럼 매일 상상하며 그 감정을 느낀 후 관련된 일을 시작하면 뇌도 미래를 이루기 위한 숙제를 풀어간다.

두 번째 방법은 현재의 기분 좋은 행동과 연결하는 것이다. 필자는 글을 쓰면서 맛있는 것을 먹거나 중간중간 걷거나 좋아하는 음악을 듣는 등의 기분이 좋아지는 행동을 자주 한다. 이렇게 글을 쓰면서 기분이 좋아지는 일을 중간에 넣는 이유는 글쓰기가 힘든 일이 아니라는 인식을 심기 위해서다. 글쓰기는 기본적으로 고된 작업이며 많은 에너지를 필요로 한다. 그래서 글만 쓰면 쉽게 지치거나 지겨워질 수 있다. 하지만 글 쓰는 중간에 기분이 좋아지는 행동을 넣으면, 그 행동으로 인해 좋아진 기분이 글쓰기의 힘듦을 잊게 하고, 때로는 글 쓰는 시간마저도 즐겁게 바꿔놓기도 한다. 이 방법은 즉각적인 보상을 제공해 힘든 일을 더 쉽게 받아들일 수 있게 해준다.

글쓰기뿐만이 아니다. 어떤 일이든 자신이 별로 좋아하지 않는 일이 있다면 그 일을 하는 중간에 좋아하는 행동을 보상으로 넣어보라. 그러면 그 보상을 받기 위해 힘든 시간을 견디기가 쉬워지고, 보상을 받은 후에는 기분이 좋아져 힘든 일을 계속 이어갈 힘이 되어준다.

세 번째 방법은 작은 목표를 정하고 완료 시 보상을 설정하는 것이다. 필자는 습관 관리 프로그램을 운영하며 주간 보상, 월간 보상 제도를 만들었다. 예를 들어, 육아로 지친 사람이 하루도 빠지지 않고 일주일 동안 독서를 하면 자신에게 2시간의 커피숍 보상을 주라고 권유했다. 이 목표와 보상을 남편에게 미리 얘기하고 이를 성공하면 일요일에 2시간은 남편이 아이를 돌보게 약속하도록 했다. 큰일을 볼 때도 화장실 문을 열어놓아야 하는 육아맘에게는 일요일 2시간의 커피숍 보상이 큰 의미가 있다는 걸 알기 때문이다.

실제로 프로그램을 진행하면서 많은 분이 일주일간 습관을 실천하고 주말에 '2시간 커피숍 자유시간'이라는 보상을 받았다. 물론 사전에 남편의 동의와 배려가 있어서 가능했던 일이다. 2시간이 결코 긴 시간은 아니다. 하지만 막상 2시간의 외출을 다녀온 분들은 짧은 시간이었지만, 육아 스트레스를 낮추고 기분 전환하는 데 큰 도움이 되었다고 했다. 일상이 힘든 이에겐 잠시라도 일상을 벗어나는 것이 큰 선물이다. 꼭 커피숍이 아니더라도 자신에게 다이소 쇼핑권 3만 원을 주거나, 반나절 버스나 지하철 여행권을 선물하는 것도 좋다. 작은 선물은 반복되는 일상의 무료함에서 벗어나 새로운 에너지를 만들어 줄 좋은 보상이 될 것이다.

우리는 모두 매일 비슷한 일상에서 비슷한 모습으로 살아간다. 아주 작은 변화와 보상을 주는 것만으로도 기분과 생각이 변하여 삶을 대하는 태도가 바뀐다. 보상이 명품 백처럼 대단한 것일 필요는 없다. 커피 한 잔의 여유, 오래된 친구와의 전화통화, 엄마가 차려준 소박하지만 맛있는 식사 등 아주 작은 변화의 기쁨이 우리 삶을 풍요롭게 하는 원동력이 된다. 입가에 옅은 미소가 지어질 아주 작은 보상을 찾아 매주 한 번씩 느껴보자.

나에게 질문하기

즉각적인 보상 만들기
  - 즐거운 일과 연동하기 (음식, 커피, 음악 등)
습관 성공 주간, 월간 보상 프로그램 만들기
  - 시간 보상, 다이소, 여행, 통화 등

1-6 불편해야 습관이 된다

나는 왜 변하지 않는가?

 미라클 모닝이 유행처럼 번진 적이 있다. 사람들은 아침에 일어나는 것이 성공을 보장해줄 것처럼 여겼다. 일곱 시에 일어나면 성공하지 못하고, 다섯 시에 일어나면 성공할 것처럼 여겼다. 새벽 기상을 하는 단톡방에서는 누가 더 일찍 일어났는지 경쟁하듯 앞다투어 인증했다. 아침 일곱 시에 일어난 사람은 자신이 마치 잘못된 삶을 사는 듯 자괴감을 느꼈고, 새벽 네 시 반에 일어난 사람을 이미 성공한 사람처럼 칭송했다. 심지어 새벽 기상한 것을 인증만 하고 다시 잠자리에 드는 기이한 현상까지 발생했다. 사람들은 말했다. "oo맘은 매일 네 시 반에 일어나는 거 있지! 정말 대단한 사람이야." 과연 네 시 반에 일어났다고 대단한 사람일까? 네 시 반에 일어난 oo맘은 과연 성공했을까? 그녀는 오직 일찍 일어나는 데만 성공했다는 걸 우리는 안다. 그리고 얼마 지나지 않아 oo맘은 자취를 감췄다. 나중에서야 성공이 아닌 번아웃이 왔다는 얘기를 들을 수 있었다.

  물론 새벽 기상은 좋은 습관이다. 하지만 새벽 기상 자체만으로는 아무런 의미가 없다. 헬스장에 가서 신발 갈아신은 것을 대단하다고 말하는 사람은 없다. 가령 운동을 시작한 친구가 신발을 샀다고 하고 헬스장에서 신발 갈아신은 얘기를 한다면 우리의 반응은 이럴 것이다. "그래서 헬스는 했어?"
  헬스장에서 중요한 것은 어떤 운동을 어떻게 했고, 얼마나 꾸준히 했고, 어떤 효과가 있었는지가 중요하다. 새벽 기상도 이와 같다. 새벽에 일찍 일어났으면, 그 시간에 어떤 활동을 했고, 얼마나 꾸준히 했으며, 어떤 성과를 만들었는지가 중요하다. 새벽같이 일어나 이불 개고 물 한잔 먹는 습관만 만들었다면 헬스장에서 샤워만 하고 오는 것과 같다. 아무것도 안 한 것이다. 차라리 충분히 잠을 자는 게 더 유익하다.

  시간은 우리가 사용할 수 있는 최고의 자원이다. 주어진 자원을 잘 이용하기 위해선 용도와 활용 계획이 정해져 있어야 한다. 새벽 기상을 한다면, 새벽에 할 일이 분명해야 하고, 달성하고자 하는 목표와 목적이 명확해야 한다. 지식을 쌓기 위한 독서를 하든지, 생각을 정리하는 글을 쓰든지, 미래를 위해 새로운 것을 배우는 강의를 듣는 등의 명확한 활동과 이유가 있어야 한다. 그리고 가장 중요한 건 오랜 시간 꾸준히 해야 한다는 점이다.

성공은 결코 쉽게 오지 않는다. 수많은 실패와 좌절을 지나 더 이상 갈 곳 없는 절벽 끝에서 바위틈을 비집고 나온 나무와 같다. 성공은 항상 어렵고 힘든 인내의 시간 위에 피어난다. 습관은 미래의 특정 시점의 성공을 위해 가치 있는 활동을 지속하기 위한 시스템이 되어야 한다.

현재의 불편함이 습관을 만든다

습관을 만들 때, 남들이 좋다고 하는 것이 자신에게는 맞지 않는 것일 수 있다. 아무리 다른 사람에게 좋은 습관이라고 해도 자신의 삶에 어떤 의미가 있는지 모른다면 마음에서 우러나오지 않고, 결국 얼마 지나지 않아 귀찮고 쓸데없는 일이 되고 만다. 선택은 항상 마음의 움직임을 따른다. 마음이 움직이지 않으면 선택받지 못한다. 마음의 선택을 받지 못하면 어느 날 갑자기 그만두더라도 별 저항감이 없다. 내 것이 되지 못한 것이다.

하지만 반대로, 새로 만들려는 습관이 자신의 미래 인생을 변화시키는 데 아주 중요하다는 걸 안다면 그만두려 해도 그만둘 수가 없다. 마음의 선택을 받았기 때문이다. 앞서 이야기했듯이 우리는 편함을 선택하도록 설계되었다. 현재가 편하면 현재에 머무르기를 선택하고, 반대로 현재가 불편하면 편해지기 위해서 변화를 선택한다. 물론 변화는 기본적으로 힘든 일이다. 하지만 현재의 문제로 인해 발생하는 불편함이 변화보다 힘들면 변화를 선택하게 된다. 아무리 변화에 관한 얘기를 들어도 현재가 불편하지 않다면, 변하기는 힘들다.

불편하면 어쩔 수 없이 움직인다. 불편함을 해소하기 위해 편해짐을 찾는다. 고통은 현재에는 쓰지만, 미래입장에선 약이다.

필자는 아침에 스트레칭하는 습관을 15년 정도 유지하고 있다. 이유는 간단하다. 15년 전에 허리디스크가 발병되어 의자에 한 시간 이상 앉아 있을 수 없었기 때문이다. 아침에 일어나면 허리가 심하게 아파서 매일 스트레칭을 했다. 스트레칭을 하고 나면 허리가 좀 덜 아팠다. 수개월 동안 꾸준히 스트레칭을 했더니 의자에 1시간 정도는 앉을 수 있었다. 그리고 다시 꾸준히 스트레칭을 하자 2~3시간도 앉는 것도 가능했다. 필자가 스트레칭이라는 좋은 습관을 만들 수 있었던 것은 현재 허리가 아프다는 불편함이 컸기 때문이다. 허리 통증을 해소하겠다는 명확한 목표가 있었기에 꾸준히 스트레칭을 했고 그 결과로 만족한 성과를 얻었기에 15년간 지속할 수 있었다. 현재의 불편함은 목표를 만들고, 명확한 이유를 만들고 행동하게 하며 기존과는 다른 선택을 하게 한다. 항상 더 불편함이 덜 불편함을 이긴다.

사람들은 마동석의 엄청난 근육을 보고 멋지다고 한다. 마동석은 한 인터뷰에서 근육을 키우고 유지하는 이유에 대해 얘기했다. 전에 촬영하다 여기저기 다치고 부러져서 큰 고통을 겪었다고 한다. 그 고통을 견디려면 근육을 키워야 해서 운동한다고 했다.

좋은 습관을 만들기 위해서는 현재의 불편함을 인식하고, 왜 그 일을 해야 하는지 명확한 이유가 있어야 한다. 외면의 아름다움이 얼마 지나지 않아 사라지듯 내면의 필요성을 인지하지 못한 습관 역시 얼마 지나지 않아 사라진다.

무엇이 불편한가?

이렇듯 좋은 습관을 유지할 수 있는 비결은 간단하다. 우선, 현재 자신의 모습과 상황에서 불편함을 인지해야 한다. 필자가 허리가 아프고, 삶이 힘들다는 문제, 즉 불편함을 인지해서 습관을 만들었던 것처럼 자신의 상황을 객관적으로 냉철하게 바라보며 현재의 불편함 또는 문제를 인지해야 한다. 인지의 과정이 끝나면, 불편함을 해결할 방법을 찾아 습관으로 만들면 된다. 그렇게 만든 습관이 나의 삶을 긍정적으로 변화시킨다면 멈출 수 없는 좋은 습관이 된다.

현재가 불만족스러워 다른 미래를 꿈꾼다면, 감각을 예민하게 해야 한다. 만족과 타협하지 말고 불만족의 범위 안에 있어야 한다. 배부르고 등이 따뜻하면 감각은 무뎌진다.

변화를 거부하는 사람들은 "지금도 괜찮아."라고 자주 말한다. 어쩌면 괜찮다는 말은 현재라는 감옥에서 벗어나지 못하게 만드는 가장 무서운 말일지도 모른다. 지금은 괜찮을지 모른다. 하지만 지금 괜찮다고 항상 괜찮은 건 아니다. 현재의 불편함을 느껴야 한다. 아니면 다가올 불편함을 예상해야 한다. 불편함은 다른 선택을 하도록 도와주는 나의 응원단이다.

나를 불편하게 하는 것을 찾아보자. 꼭 벗어나야 하는 것, 반드시 변화해야 하는 것을 찾아보자. 그 불편함을 해결하기 위해서는 어떤 모습이 되어야 하는지 상상해보자. 만약 자신이 '나는 진짜 잘 살고 싶다.' 또는 '나는 진짜 다른 사람이 되고 싶다.' '진짜 영어를 잘하고 싶다.'처럼 '진짜'가 붙은 이유가 습관의 원동력이 된다. 그리고 그렇게 되기 위해 지금부터 꾸준히 해야 할 것을 찾아 매일 반복하여 습관으로 만들자.

이렇게 현재의 불편함을 명확히 알고, 진짜 되고 싶은 미래의 모습을 그리며, 미래를 위해 현재 무엇을 해야 할지 안다면 분명 좋은 습관을 만들 수 있다.

> **나에게 질문하기**
> 현재의 불편함을 해소해 줄 습관 만들기
> - 현재를 관찰하고 불편함 찾기

1-7 상상하는 대로 만들어진다

어떤 미래를 상상하는가?

'미래를 상상하는 것이 삶에 미치는 영향'에 관한 연구가 있었다. 예일대학교의 1953년 졸업생들에게 확실하고 구체적인 목표와 그 목표를 달성하기 위한 계획이 있는지 물었다. 응답자 중 3퍼센트만 자신의 목표를 글로 작성했다고 답했다. 연구진은 20년 후인 1973년에 졸업생들을 다시 인터뷰했다. 그 결과, 구체적인 목표를 글로 작성한 3퍼센트가 나머지 97퍼센트를 전부 합친 것보다 더 많은 재산을 소유하고 있었다.

지금 있는 곳 주변을 둘러보자. 보이는 것 중에서 아무도 상상하지 않았는데 만들어진 것이 있을까? 키보드, 책, 종이, 컴퓨터, 옷, 차, 집 등 우리 근처에 있는 모든 것은 누군가의 상상으로 만들어졌다. 누구는 어떤 재료를 써야 할지 상상했고, 누군가는 디자인을 어떻게 해야 할지 상상했고 또 다른 누군가는 기존보다 더 탁월한 제품을 만들기 위해 상상했을 것이다. 우리 주변의 모든 것은 하나도 빠짐없이 누군가가 상상한 대로 만들어졌다.

그렇다면 각자의 삶은 어떨까? 상상과 상관없이 만들어졌다고 생각하는가? 예외는 없다. 우리의 삶도 상상으로 만들어졌다. 모든 것이 그렇게 만들어진다. 문제는 자신이 상상하지 않으면, 누군가의 상상으로 만들어진 환경에서 선택해야 한다는 점이다. 상상은 창조하게 하고, 상상하지 않으면 선택하게 한다.

자신의 스무 살 때 모습, 서른 살의 모습, 마흔 살의 모습을 돌아보자. 자신은 상상하는 사람이었나? 아니면 주어진 상황에서 선택하는 사람이었나? 내가 먼저 상상하지 않으면 다른 이가 나의 시간과 공간을 계속하여 침범한다. 그리고 자신은 그 모습을 바라보고 있어야 한다. 상상하는 힘이 줄어들면 선택지도 줄어든다.

상상에는 돈이 들지 않고 한계선도 없다. 그런데 우리는 누가 뭐라 하지 않는데도 스스로 상상의 한계선을 만든다. 한계선 너머의 삶은 불가능하다고 생각한다. 자신의 것이 아니라고 여긴다. 자신이 누릴 수 있는 멋진 미래의 모습이 아니라 지금 상황에서 크게 노력하지 않아도 이루어질 정도만 상상한다. 한계선 이상의 멋진 미래는 얻을 수 없다고 여긴다. 냉철히 생각해 보면, 자신이 얻을 수 있다고 생각하는 것 중 최선을 선택한다. 정우성이 멋있지만, 그와 결혼하겠다고 마음먹지 않는 것처럼 말이다. 지금 옆에 있는 배우자를 보자. 내가 선택할 수 있는 사람 중에서 최선의 선택이지 않은가?

상상한 대로 이루어진다

미래를 상상할때, 상상의 한계치를 걷어내는 것은 아주 중요하다. 시간을 많이 투자해서 미래를 그려야 한다. 내 의지가 빠진 미래는 예측할 수 없는 미래이다. 대신 예측은 상상을 잘하는 사람이 한다. 미래를 조금이라도 자신이 원하는 방향으로 이끌려면, 미래를 상상하고, 현재에 일어나는 듯이 체험해야 한다. 상상한 모습이 되었을 때 느끼는 감정과 기분, 심지어 감촉까지 현재 경험하는 것처럼 아주 세세하게 느껴야 한다.

미래가 현재처럼 보일 때, 비로소 미래는 자신에게 다가오기 시작한다. 상상력은 가장 강력한 힘이고 권력이다.

미래노트 만들기

얇은 노트 한 권을 사서 '미래 노트'라고 이름을 붙여보자. 미래 노트는 이 책을 읽으며 계속 풍성해질 것이다. 우선 말도 안 되는 상상을 적어보자. 만약 지금 돈과 시간으로부터 자유로워진다면 또는 돈과 시간이 무한대로 있다면 어떤 일을 하고 싶은지 상상해보자. 지금까지 나의 상상을 가로막고 있던 모든 것으로부터 자유로워져야 한다. 하고 싶은 일을 마음껏 상상해보자. 해외여행을 갈 수도 있고, 제주도 한 달 살기도 할 수 있다. 매일 호캉스를 즐길 수도 있다. 작곡가가 될 수도 있고, 노래를 배워 가수가 될 수도 있다. 글쓰기를 배워 작가가 될 수도 있고, 사업을 할 수도 있다. 어떤 상상이든 좋다. 상상이 이루어지면 얼마나 좋을지 그 감정을 충분히 즐기자. 마음껏 즐겼다면, 이제 상상한 일을 미래 노트에 적어보자.

> **나에게 질문하기**
> 말도 안 되는 상상하기
> - 돈과 시간으로부터 자유로워진다면 무엇을 할 것인가?
> - 미래 노트에 생각나는 대로 적어보기

☑ 1장 나에게 질문하기

1. 하루 중 버려지는 시간 파악하기
   - 아침이나 저녁 시간 파악하기
2. 하루 중 동영상 보는 시간 파악하기
   - 디지털 웰빙 설정에서 동영상 시청한 시간 확인하기
3. 동영상 보는 시간을 설정하고 관리하기
   - 동영상 시청 제한 시간 설정하기
4. 스마트폰 멀리하기
   - 집에 오면 가방에 넣기
5. 포기할 수 없는 단 하나 정하기
   - 인생을 바꿀 중요한 일 찾기
6. 삼십 분 간격으로 시간 확인하기
   - 삼십 분 간격 시간 테이블 만들고 한 일 적기
7. 자투리 시간에 할 일을 정하고 실천하기
   - 5분, 10분이 생겼을 때 할 일 정하기
8. 즉각적인 보상 만들기
   - 즐거운 일과 연동하기 (음식, 커피, 음악 등)
9. 습관 성공 주간, 월간 보상 프로그램 만들기
   - 시간 보상, 다이소, 여행, 통화 등
10. 현재의 불편함을 해소해줄 습관 만들기
    - 현재를 관찰하고 불편함 찾기
11. 말도 안 되는 상상하기
    - 돈과 시간으로부터 자유로워진다면 무엇을 할 것인가?
    - 미래 노트에 생각나는 대로 적어보기

2장
시간을 내 편으로 만드는 방법

2-1 꿈을 되돌리다 …………………………… 66

2-2 꿈을 선택하다 …………………………… 73

2-3 미래를 바꾸는 방법 ……………………… 78

2-4 꿈이라면 간절해야 한다 ………………… 83

2-5 상상은 미래, 행동은 현재 ……………… 88

2-6 겁나 빠른 거북이의 습관 만들기 ……… 95

2-7 열심히보다 되게 하기 …………………… 103

2-8 중요한 일에 최대의 에너지를 쏟다 …… 112

2-9 미래를 위한 현재의 투자 ……………… 118

2-1 꿈을 되돌리다

꿈의 날개가 잘린 사람들

필자는 매년 연말이 되면 '상냥한 주디'님과 함께 내년도 꿈을 그리는 '보물지도 그리기 클래스'를 운영한다. 참여자들이 그린 '보물지도'를 보면 내년의 목표가 무척이나 소박하다. 아침에 일찍 일어나기, 다이어트 하기, 공저 책 내기, 인스타 팔로우 늘리기, 부업 만들기 등이 대부분이었다. 클래스에서 나온 꿈을 보고 있으면 안타까운 마음이 든다. 많은 사람이 꿈이 없거나 꿈을 이룰 수 없다고 믿는다.

"왜 우리는 꿈을 향한 날개를 잘라 버렸을까?"

꿈을 꿔도 된다고?

"나는 꿈이 없었다." 오래전 영화 '비트'에 나왔던 문장이다. 필자도 그랬다. 어른이 되어서는 어린 시절 꿈은 잊어야 하는 줄 알았다. 초등학교 때 화가가 되고자 했던 꿈은 접어야 했고, 중학교 때 기타리스트가 되고자 했던 꿈도 접어야 했고, 대학교 때 영화감독이 되고자 했던 꿈도 접어야 했다.

수학능력평가 시험점수가 나오고 선생님과 면담을 했다. 선생님은 나에게 어느 과에 가고 싶냐고 물었다. 그런 건 없었다. 음악, 미술 관련학과는 내가 선택하면 안 되는 학과였고, 그 외에 어떤 학과가 있는지도 몰랐고, 어느 학과에 가야겠다는 생각조차 없었다. 식구들과 친척들에게 물어본 엄마가 전기과가 좋겠다고 해서 시험점수에 맞춰 전기과에 갔다. 그리고 취직을 할 때도 어떤 일을 하고 싶다는 생각은 없었다. 그저 좋은 회사에 취업하면 된다고 생각했다. 회사에 들어가 해외 영업 일을 시작했고, 다행히 천직이라 여기며 살았다.

직장인의 꿈은 단순하다. 정년까지 잘리지 않고 다니는 것, 혹시 잘리더라도 이직해서 이사나 상무가 되는 것이 전부다. 필자뿐만이 아니라 직장인의 꿈이 그렇다. 사람들 대부분은 어른이라는 이름과 꿈을 맞바꾼다. 가장의 책임감을 어깨에 짊어지며 꿈을 버리고 안정을 선택해야 하는 것으로 여긴다. 꿈이란 철없던 시절에 세상에게 싸다구를 맞기 전까지만 가질 수 있다고 생각한다.

하지만 중년이 되자 의문이 생겼다. '나의 꿈은 무엇일까?' 중년이 되어 우연히 책을 읽으며 놀라운 사실을 알게 되었다. 나도 꿈을 꿀 수 있다는 것이다. 꿈이 '상무'가 아닌 다른 것이 되어도 된다는 것이었다. 그래서 나는 혹시 모를 '작가'라는 꿈을 꾸었다. 혹시 모르니 책도 읽고, 글쓰기 연습도 하고, 혹시 모를 원고도 써봤다. 그랬더니 어느새 작가가 되었다. 그리고 혹시 '내가 나의 책을 출판할 수 있을까?'라는 생각을 해봤다. 혹시 모르니 출판사 대표라는 꿈을 꾸었다. 그랬더니 어느새 출판사 대표가 되었다. 그렇게 시작한 '꿈을 현실로 만들기'는 점점 성장해 2023년 한해에 10권 넘게 책을 만들었다.

올해 큰아이는 북한군도 무서워한다는 중2가 되었다. 큰아이의 꿈은 성우다. 그리고 다른 꿈도 몇 가지 있다. 나는 아이들에게 자주 얘기한다. "꿈은 하나일 필요가 없어. 여러 가지 꿈을 가져도 돼. 그냥 하고 싶은 걸 다 하면서 살아도 돼." 이전 같았으면 못 했을 말이다. 하지만 내가 꿈을 꿔도 된다는 것을 알고, 하나씩 이루면서 여러 가지 꿈을 꿔도 되고, 심지어 여러 가지 꿈을 모두 이룰 수 있다는 것을 알았다. 지금 내가 하는 일은 책 쓰기 외에도 몇 가지 더 있고, 협업하는 업체도 몇 군데 있다. 이전에는 그래도 된다는 것을 몰랐기에 그런 꿈을 꿀 수도 없었다. 하지만 꿈을 꿀 수 있다는 것을 알고 나니, 다양한 일을 할 수 있었다. 그 모든 것이 가능했다. 가능다고 생각하지 않았기에 못했던 일들이 할 수 있다고 생각을 바꾸자 할 수 있는 일이 되었다. 정말 신기하게도 꿈꾸면 이루어졌다. 꿈을 이루고 싶다면 꿈을 꾸자. 그리고 꿈이 이루어진다고 믿자. 로또에 당첨되는 꿈이 아니라면 그 어떤 꿈이라도 이루어진다. 그러려면 먼저 자신이 믿어야 한다.

N잡러가 되어보니

필자도 이전에는 미래를 포기하고 살았다. 미래는 내 안중에 없었다. 현재에 매달려 살다 보니 일을 마치고 집에 오면 술을 먹거나 유튜브 보는 것 외에 달리 할 일이 없었다. 그도 아니면 회사와 정치인 욕을 하고 연예인 욕을 했다. 할 줄 아는 게 그것밖에 없었다. 하지만 이제는 다르다. 뉴스를 보지 않고 연예인 얘기를 듣지 않으니, 아는 게 없어서 욕을 할 수가 없다. 이젠 그들에게 아무 관심도 없다. 내 삶에 신경 쓰느라 정치인과 연예인에게 신경 쓸 시간도 에너지도 없다.

만약 누군가가 내 걱정을 많이 한다는 말을 들으면 신경쓸 필요없다. 그 사람은 할 줄 아는 게 남들 걱정하는 것밖에 없어서 그렇다. 자신의 삶이 중요하고 할 일이 많으면 남 걱정할 시간이 없다. 다른 사람을 걱정하는 얘기만 하는 사람을 본다면 안타까워해야 한다. 자신의 삶을 제대로 보지 못하면서 남 걱정만 해주고 있으니 말이다.

다른 사람 걱정은 그만하고, 자신의 꿈이 무엇인지 봐야 한다. 꿈은 하나가 아니어도 된다. 오히려 여러 가지라면 더 좋다. 꿈을 꾸자. 간절히 원하면 이루어진다. 로또에 당첨되는 것, 다른 사람 사기 치는 것 말고는 대부분 이룰 수 있다.

꿈을 박제합니다

앞에서 만든 미래 노트를 펼쳐보자. 생각나는 대로 모든 꿈을 적자. 이룰 수 있을지 없을지는 중요하지 않다. 그냥 버킷 리스트라고 생각하고 빠르게 적으면 된다. 꿈을 적는 동안 저도 모르게 입가에 미소가 지어질 것이다. 힘들게 적지 말고 행복함을 느끼면서 재미있는 놀이를 하듯 적는 것이 중요하다. 그래야 생각이 자유롭게 움직이기 때문이다. 잘 떠오르지 않는다면 아래 주제에 대해 한두 가지씩 적어보자. 훨씬 더 많은 리스트를 만들 수 있도록 도와줄 것이다.

〈꿈 주제〉
가고 싶은 곳, 먹고 싶은 것, 가족, 배우자, 자녀, 친척, 인간관계, 이성, 건강, 습관, 시간, 돈, 명예, 집, 차, 일, 성공, 기념일, 선물, 옷, 신발, 머리, 나눔, 기부

아직 꿈을 그리기가 힘들다면 자신의 삶을 돌아보는 것도

좋다. 아래 열 가지 질문에 최대한 많은 답을 써보자.

1. 어릴 적 무엇을 할 때 즐거웠는지 적어보자.
2. 어릴 적 잘했다고 칭찬받은 일을 적어보자.
3. 어릴 적 놀이 중 많이 했던 놀이를 적어보자.
4. 다른 사람이 감사하다고 했던 일을 적어보자.
5. 다른 사람에게 도움이 될 수 있는 일을 적어보자.
6. 다른 사람이 나에게 자주 물어보는 일을 적어보자.
7. 최근에 한 일 중에서 재미와 기쁨을 준 일을 적어보자.
8. 자신이 80세가 되었을 때 잘했다고 할 일을 적어보자.
9. 30년 후 자신이 어떤 분야의 전문가였으면 좋을지 적어보자.
10. 죽음을 맞이한 순간 '이것 하나는 잘했네.'라고 말할 것은 무엇인지 적어보자.

위의 질문은 과거, 현재, 미래를 돌아보며 마음을 움직이게 했던 일을 찾아가는 질문들이다. 이런 질문을 통해 나로부터 시작하는 일을 찾아 발전시킬 방법을 구해보자. 마음이 시킨 일은 그 어떤 일보다 의미가 있다. 자신이 진정으로 해야 할 일이 알고 싶다면 가장 큰 의미를 주는 일을 찾아야 한다. 의미는 생존보다 중요하다. 죽음을 선택하는 이유는 살 의미를 잃어버렸기 때문이다. 의미를 잃어버리면 모든 것을 잃는 것과 마찬가지다. 의미가 존재의 이유이기 때문이다.

이미 늦었다는 생각은 하지 말자. 그건 그저 힘든 일을 하기 싫어서 만들어낸 핑계일 뿐이다. 현재가 아닌 미래에서 자신을 바라본다면 그 어떤 시기도 늦은 때란 없다. 현재에서 바라보니 늦어 보일 뿐이다. 100세 시대를 넘어, 120세 시대에 살기에 생각보다 더 긴 시간이 우리를 기다린다. 지금 어떤 일을 시작해 30년간 계속한다면, 그 일이 어떤 일이든 삶에 중요한 의미가 될 것이다. 지금과는 완전히 다른 삶을 열어줄 것이다. 현재에선 너무 늦게 시작한 것처럼 보여도 시간이 지나 돌아보면, 그때 시작한 것을 감사하게 될 것이다.

> **나를 적어보기**
> 나의 꿈 리스트 만들기
> - 잊고 있던 꿈, 하고 싶은 일 등 나만의 버킷리스트 만들기

2-2 꿈을 선택하다

좋아 보이는 것과 필요한 것

얼마 전 삼성은 갤럭시24 스마트폰의 '실시간 번역' 기능을 크게 광고했다. 한 지인은 광고를 보고 그 스마트폰을 살지 말지 크게 고민된다고 했다. 내가 보기에 지인에게는 번역 기능이 별로 필요없을 것 같아서 물어봤다.

"번역기능을 언제 쓰려고?"
"여행 가서 쓰면 좋지."
"너 해외여행 일 년에 한 번도 안가잖아."
"언젠가는 가겠지."
"네가 아무리 여행을 많이 간다고 해도 일 년에 한두 번이고, 그럼, 일 년에 번역기능이 필요한 건 열흘 정도 아니겠어? 만약 스마트폰을 3년 쓴다고 가정하면 번역기능이 필요한 시기는 삼십일 정도밖에 안 돼. 그것 때문에 스마트폰을 바꾸겠다고? 그리고 그 정도는 '파파고'나 '구글 번역'으로도 충분히 할 수 있어."

"광고에서 보니 통화하면서도 쓸 수 있던데 통화할 때 쓰면 되지."

"너 외국인 친구도 없잖아."

"됐어. 너랑은 말이 안 통해."

그렇게 지인은 짜증내며 대화를 마무리했다. 한 번 생각해보자. 지인이 갤럭시24를 구매한다면 번역기능을 몇 번이나 사용할까? 갤럭시24의 번역기능이 지인에게 정말 필요했을까? 그렇지 않다. 그저 광고 속 신기한 기능을 소유하고 싶었을 뿐이다. 필요에 의한 선택이 아닌, 소유욕에 따른 충동적 선택이다. 우리는 불필요한 제품이 필요하다고 믿거나, 중요하지 않은 일이 중요하다고 생각하는 경우가 잦다.

미래가 명확하지 않은 사람은 무엇이 중요한지 알 수가 없다. 바로 앞에 놓인 모든 일이 중요하고 급해 보인다. 그래서 할 일이 많다. 하지만 하나씩 들여다보면 중요하다고 생각하는 일 대부분이 실제로는 단순한 욕심이거나 부러움이 불러온 욕망일지도 모른다.

우리가 하고 싶어 하는 일은 크게 두 가지로 나눌 수 있다.

소유하고 싶은 일과 필요한 일이다. 소유하고 싶은 일은 가지고 있거나 할 수 있으면 좋겠다고 생각하는 일이다. 사놓고 읽지 않는 책 같다. 즉 필요에 의한 것이 아니라 부러움에 의한 선택이다. 부러움, 일시적 욕구에 의한 선택은 오래갈 수 없다. 일시적 욕구가 사라지면 해야 할 이유도 함께 사라진다. 시작은 했으나 지속할 의미를 부여받지 못했기 때문이다. 하고자 하는 이유가 외적 자극에 의한 것이라면, 자극이 사라지면 마음도 사라진다.

마음으로부터의 출발

필요에 의해 시작한 일은 다르다. 해야 하는 이유가 마음에서부터 시작하기에 마음이 잦아들기 전까지는 동기가 유지된다. 때론 하면 할수록 더욱 강한 동기를 받기도 한다. 어려움이 닥쳐도 크게 힘들지 않고, 오히려 재미있다는 생각마저 든다. 마음으로부터 시작하는 일은 자연히 오래 가고, 일하는 과정을 즐기게 된다.

일을 선택할 때 마음으로부터 시작한 일을 해야 하는 이유는 내적 결핍과 불만족을 채워주기 때문이다. 다른 사람이 좋다고 하는 일도 자신의 내적 만족을 채워주지 못하면 마음은 공허하고 채워지지 않는 갈증이 생긴다. 오래 지속할 수 있는 일, 장기적으로 삶을 바꾸는 일을 하고자 한다면, 마음이 시키는 일이어야 한다. 자신의 내부에서부터 시작한 일은 스스로를 단단하게 하고 존재 의미를 알려준다.

언제까지 이룰 수 있을까?

앞서 적은 미래 노트를 펼쳐서 적어둔 꿈들을 다시 읽어보자. 읽는 것만으로도 기분이 좋아질 것이다. 적혀있는 꿈 리스트 옆에 이루고자 하는 연도를 적어보자. 이 중 올해 반드시 이루고자 하는 일을 정한다. 이때 자신이 선택한 일이 소유하고 싶은 마음에 의한 선택인지, 인생에 꼭 필요한 일인지 들여다봐야 한다.

이때 하나 또는 두 개 정도의 일의 수가 적당하다. 물론 더 많은 일을 선택해도 되지만, 목표를 이루기 위해서는 할 일의 수가 적은 게 좋다. 한 번에 너무 많은 목표를 세우면 집중력이 떨어지기 때문이다. 에너지 분산이 목표달성을 방해한다. 모든 일의 발전은 계단을 올라가는 것과 같다. 급하다고 한 번에 두 계단씩 뛰어 올라가다간 발전은커녕 굴러떨어져 시작점으로 되돌아가는 낭패를 겪을 수도 있다.

미래의 모습을 현재로 만들기

올해 반드시 이루어야 하는 일 한 가지가 정해졌다면, 이제 꿈이 이루어졌다고 상상하자. 그때의 상황은 어떨지, 어떤 일이 벌어질지, 누구와 무슨 얘기를 나눌지 상상해보자. 꿈이 이루어졌을 때 자신의 모습은 어떤지, 어떤 옷을 입고, 어떤 헤어스타일을 하고 있고, 표정은 어떻고 자세는 어떠한가? 태도와 말투는 어떠한지 자신의 모습을 세밀하게 그려보자. 상상 속 자신의 모습이 지금부터 자신의 모습이어야 한다. 상상 속의 자세와 태도, 옷과 헤어스타일을 상상한 대로 지금 당장 바꾸자.

태도는 하루아침에 만들어지지 않는다. 삶의 변화를 위해 우리가 바꿔야 할 것 중 가장 우선시해야 할 것은 태도이다. 원하는 미래의 모습이 있다면 당장 태도부터 바꾸어야 한다. 태도가 바뀌면 성공은 자연히 그 안에 자리 잡는다.

> **나를 적어보기**
> 올해 꼭 이루고자 하는 일 한가지 정하기
> - 목표를 정량화해서 적고, 달성할 날짜 적기

2-3 미래를 바꾸는 방법

변화는 조금씩 스며든다

"아이고, 꼬마야. 너 언제 이렇게 컸니? 완전 아기였는데"

"저 꼬마 아닌데요."

"그럼, 귀요미인가?"

오랜만에 조카를 만났다. 몇 개월 만에 만났는데 어느새 훌쩍 커 있었다. 그리고 자신은 꼬마가 아니라고 한다. 아이가 키 크는 모습은 바로 옆에서 매일 보는 엄마는 잘 느끼지 못한다. 오히려 오랜만에 만난 엄마 친구가 더 잘 알아본다.

삶도 그렇다. 매일 비슷한 삶이 반복되는 일상 속에서는 변화를 잘 느끼지 못한다. 지금의 모습이 영원할 것처럼 생각된다. 힘든 시기를 겪는 이는 더욱 그렇다. 영원할 것 같았던 고통도 시간이 흘러 훗날에는 추억이 된다.

삶은 순간마다 변한다. 지금, 이 순간에도 변하고 있다. 중요한 점은 어떤 방향으로 변화를 만들어가는가이다. 밝은 미래를 그린다면, 자신의 꿈을 이루고 싶다면 우선 믿어야 한다. 삶은 언제든 변하고, 꿈이 이루어질 수 있다고 믿어야 한다. 자신이 믿지 않는다면 인생을 바꿀 좋은 기회가 찾아와도 알아보지 못한다. 자신에게 주어진 삶의 굴레 안에서 살아간다.

내 화단의 네 잎 클로버 찾기

필자는 살면서 네 잎 클로버를 찾은 적이 한 번도 없다. 그래서 네 잎 클로버를 찾았다고 하는 사람을 보면 신기하다. 내가 네 잎 클로버를 찾지 못한다고 네 잎 클로버가 존재하지 않는 것은 아니다. 내 눈에만 보이지 않을 뿐 분명 존재한다. 그리고 네 잎 클로버의 수는 내 근처나 네 잎 클로버를 잘 찾는 사람 근처나 동일할 것이다.

내가 네 잎 클로버를 한 번도 찾지 못한 이유는 네 잎 클로버를 찾는 노력을 하지 않았기 때문이다. 만약 화단에 들어가 네 잎 클로버를 열심히 그리고 자주 찾았다면, 분명 찾을 수 있었을 것이다. 문제는 나의 노력 정도에 있다. 네 잎 클로버를 찾으려고 노력하지도 않으면서 자신 근처에는 네 잎 클로버가 없다고 한다면, 문제는 생각하지 않고 환경을 탓하는 것에 불과하다.

네 잎 클로버를 찾은 사람을 부러워하는 것은 신형 아이폰을 출시된 첫날 맨 먼저 산 사람을 부러워하는 것과 같다. 그 사람이 아이폰을 사기 위해 출시일 하루 전부터 줄을 선 노력은 생각하지 않는다. 성과를 부러워하기보다 그것을 만들기 위해 쏟은 시간과 노력을 부러워해야 한다. 우리가 성과를 만들지 못하는 이유는 성과를 내는 사람의 인내를 쫓아가지 못하기 때문이다.

사람들은 얘기한다. '유독 나는 운이 없는 사람이야. 내가 하는 일은 제대로 되는 게 하나도 없어.' 세상에 운이 없는 사람은 없다. 운은 네 잎 클로버와 같다. 운은 언제나 어디에나 숨어있다. 우리 삶의 도처에 수많은 운이 있지만, 너무도 쉽게 운을 지나친다. 운이란 노력이라는 물을 먹고 자란 기회의 다발이 엮인 확률의 가지에서 피어나는 꽃이다. 운이 없는 사람은 숨겨진 기회를 알아보는 노력이 부족한 사람이다. 벌판에 널려있는 기회를 주워 담지 못했기에 운이라는 꽃이 피어나지 못한다. 행운의 네 잎 클로버는 항상 그 자리에 있었고, 지금도 그 자리에 있다. 그리고 매일 새롭게 피어난다.

정해진 미래 & 변화하는 미래

어떤 이는 미래가 정해져 있다고 한다. 맞는 말이다. 다른 어떤 이는 미래가 변할 수 있다고 한다. 이 말도 맞다. 미래는 각자 믿는 대로 이루어진다. 미래가 정해져 있다고 믿는 사람은 미래를 바꿀만한 행동을 하지 않는다. 미래가 정해져 있다고 생각하기에 바꾸려는 시도를 하지 않는다. 오직 지금의 일에 충실한 것이 자신이 할 수 있는 일이라 생각한다. 그래서 미래가 정해져 있다고 믿는 사람의 미래는 정해져 있다. 바뀌지 않는다.

반대로 미래가 변할 수 있다고 생각하는 사람은 어떤 미래를 맞이하고 싶은지 미래를 그린다. 자신이 원하는 미래를 목표로 정하고 계획을 세운다. 그리고 이전과는 다르게 행동하는 것으로 삶의 방향을 바꾼다. 매일 목표를 향해 나아가는 행동을 하며 삶의 변화를 꿈꾼다. 꾸준히 자신의 삶을 바꾸어 결국 원하는 미래에 도달한다. 현재를 변화시키기 위한 행동을 지속하는 이의 미래는 분명 변할 수밖에 없다. 미래는 정해져있지 않다. 의지에 따라 바뀐다.

믿는 대로 이루어진다

아이폰 1세대가 나왔을 때 수많은 기자들이 얘기했다. "저 작은 키보드로는 글씨를 칠 수가 없다. 자판이 너무 작아 타이핑할 때 오류가 너무 많다." 수많은 사람이 기자의 뜻에 동의했다. 하지만 얼마 지나지 않아 기자들의 염려는 기우였다는 걸 알았다. 아이폰은 선풍적인 인기를 끌었고, 지금까지 어떤 혁신보다 가장 대단한 혁신이라고 여겨진다. 아이폰 15세대까지 나온 지금은 그 누구도 아이폰 자판이 너무 작아 사용이 힘들다고 말하지 않는다. 전 세계 수없이 많은 사람이 아이폰을 사용한다.

다른 사람들이 부정적인 얘기를 해도 자신이 가능하다고 생각한다면 흔들리지 말아야 한다. 일말의 의심도 없이 온전히 믿어야 한다. 의심이나 부정적인 생각이 자리 잡으면 믿음은 흔들린다. 믿음은 원하는 미래의 문을 열어주는 열쇠다. 믿음의 열쇠로 미래의 문을 열고 들어가면 그토록 그리던 꿈이 현실이 되어 빨리 오라고 손짓한다.

행운의 네 잎 클로버는 어디에든 있다.

나를 적어보기

원하는 미래를 세밀하게 상상하고 적어보기
- 미래를 현재 일어난 사건처럼 확언하기

2-4 꿈이라면 간절해야 한다

저 차 운전자는 죽었겠네요

필자는 오래전 고속도로에서 큰 사고가 났었다. 100km로 운전을 하다 깜빡 조는 바람에 12톤 트럭 밑으로 차가 깔려 들어갔다. 다행히 차가 튕겨 나와 몇 바퀴를 구른 후에 중앙 분리대를 들이받고 멈춰 섰다.

보닛이 찌그러져서 무릎 바로 앞까지 밀려왔고, 조수석 지붕 철판이 밀고 들어와 헤드레스트가 뒤로 젖혀졌고 완전히 찌그러졌다. 만약 옆자리에 누군가 앉아 있었다면, 살아남지 못했을 것이다. 정신을 차리고 나니 흰옷이 붉게 물들어 있었다. 앞 유리가 깨지면서 유리 파편이 머리로 튀어 이마에서 피가 흘렀다. 필자는 병원에서 치료를 받고 사고 난 차에 있던 물품을 정리하기 위해 자동차 공업소에 들렀다. 지나가던 한 수리공이 내 차를 보고 한마디 했다.

"저 차 운전자는 죽었겠네요. 쯧쯧쯧"

내가 봐도 그래 보였다. 차의 앞 형체가 거의 없어졌으니 말이다. 살아있는 게 기적이었다. 다행히 몸에는 큰 이상이 없었지만 사고는 지금까지 투라우마로 남아있다. 한동안 에어백에 머리를 부딪치던 느낌에서 벗어나지 못했다. 지금도 고속도로에 들어서면 온몸이 경직된다. 어깨가 굳어 긴장한 채 두 손으로 운전대를 잡고 운전한다. 사고의 기억은 점차 옅어졌지만, 지금도 이따금 사고에 대한 두려움이 몰려온다. 육체에 난 상처는 시간이 지나면 아물지만, 정신적 상처는 쉽게 치유되지 않는다.

뇌 과학자들에 의하면 뇌는 심리적 고통과 육체적 고통의 차이를 구분하지 못한다고 한다. 그래서 실패에 따르는 고통은 교통사고를 당한 것과 같이 극심하다. 때론 그보다 더할 수도 있다.

성공에 관한 책 속 저자의 힘들었던 과거 얘기가 빠지지 않는 이유는 실패의 고통이 아물지 않는 상처를 남기기 때문이다. 실패가 남긴 지워지지 않는 상처는 실패를 막아주는 부적과 같다. 다시는 그런 아픔을 경험하지 않기 위해 반드시 성공해야 한다는 간절함을 만든다. 간절함은 생존 본능을 깨워 작은 신호에도 예민히 반응하게 한다. 마치 호랑이가 숨어서 사냥감을 노리듯 작은 움직임 하나하나에 신중함이 배어난다.

실패 경험 없이 간절함 만들기

실패가 만든 감각의 예민함은 진심을 다하게 한다. 눈빛에 힘이 생기고 행동에는 의지가 실린다. 아주 작은 것 하나도 허투루 지나치지 않고 정성을 쏟는다. 정성의 에너지는 사람에게 전달되고, 좋은 사람이 모인다. 좋은 운이 되어 돌아온다. 자연히 원하던 모습에 가까워지고 성공에너지가 쌓인다.

그렇다면 성공하기 위해서 반드시 실패를 경험해야 할까? 실패없이 예민한 감각을 가지고 작은 일에 진심을 담는 방법은 없을까? 실패하지 않고도 삶의 태도를 바꿀 수 있다면 굳이 실패의 쓰디쓴 고통을 겪지 않아도 될 것이다. 다행히 실패하지 않고도 간절함을 만드는 아주 쉽고 간단한 방법이 있다.

미래의 모습을 최대한 자주 떠올리고, 자주 반복해서 그리며 확신하는 것이다. 자신이 그리는 미래를 믿고 당연히 일어날 일처럼 여기는 것이다. 어떤 모습일지 구체적으로 그릴수록 믿음과 신념이 강해진다.

반복의 힘은 엄청나다. 반복하는 것만으로도 에너지가 응축된다. 미래를 구체적으로 반복해서 상상할수록 미래는 더 큰 에너지를 가진다. 에너지가 높아지면 현실화될 가능성도 커진다. 자주 떠올리고 이유를 상기하는 작업은 원하는 미래에 에너지를 실어주는 작업이고, 에너지가 높아져 한계치를 넘어서면 어떤 방식이든 미래는 변화하기 시작한다.

 필자가 만난 성공한 사람들은 모두 미래에 대한 확신이 있었다. 자신이 원하는 모습을 분명하게 그리고 있었고, 그 모습이 당연히 현실이 될 것처럼 얘기했다. 얼마나 자주 생각하는지 마치 현실의 모습인 것처럼 설명하곤 했다. 그들은 미래를 시시때때로 생각하고 구체화를 넘어 눈앞에 그리듯 보고 있었다. 그들의 미래에는 엄청난 에너지가 담겨 있고, 간절함을 넘어 당연히 될 수밖에 없어 보였다. 그리고 그런 미래는 얼마 지나지 않아 실제로 일어났다.

 미래를 반복해서 그리면 명확해지고, 명확해지면 믿게 되고, 믿게 되면 현실로 여기게 된다. 아직 도래하지 않았을 뿐 믿는 자에게 미래는 이미 발생한 사실이 된다. 어떤 미래를 그리고 있는지보다 얼마나 명확하게 그리고 있는지가 중요하다. 자신의 미래를 정하고 이루어졌을 때의 모습을 세밀하게 상상해서 눈앞에 보이듯 만들고, 매일 생각하고 확신해서 이미 현실이 된 것처럼 여기고, 믿음에는 한 치의 의심도 없어야 한다. 그러면 미래는 점차 명확하게 눈 앞에 펼쳐진다. 그리고 머지않아 자신이 그린 그 모습 그대로 현실이 된다. 믿음은 간절함을 낳고 간절함은 행동을 낳는다. 반복된 행동은 변화를 만든다. 삶은 분명 변한다. 상상하는 대로 변하고 또 원하는 대로 이루어진다. 미래를 기억하자.

> **나를 적어보기**
> 나의 꿈과 목표를 아침, 점심, 저녁에 확언하는 루틴 만들고 실천하기

2-5 상상은 미래, 행동은 현재

목표는 명확히, 정량화해야 한다

"인생 단 한 번이라도 완전 홀쭉하게 살고 싶다."

마음은 내일이라도 당장 날씬해지고 싶지만, 다이어트는 결코 쉽지 않다. "딱 오늘까지만 먹는 거야."라는 말로 스스로를 안심시키며 오늘은 일단 세상에 있는 맛있는 음식 중 하나를 먹는다. 그렇게 다이어트는 내일부터 하기로 한다. 내일은 절대 다가오지 않는다는 걸 알기 때문이다.

우리는 새로운 일을 할 때 오늘과 내일 사이에서 저울질한다. 오늘하던 내일하던 별 차이가 없을 것처럼 생각이 들기 때문이다. 하지만 '내일부터 해도 괜찮아'라는 흑마법에 빠지면 개인의 의지로 빠져나오기란 거의 불가능에 가깝다. 저울이 고장난 것 같다는 의심이 들 정도로 말이다.

지금까지의 삶의 관성에서 벗어나 새로운 시도로 다른 미래를 그리기 위해서는 될 수밖에 없는 시스템을 만들어야 한다. 왜 그 일을 해야 하는지에 대한 목적을 명확히 하는 것이 첫 번째고, 얼마나 할 것인지 목표를 잡는 것이 두 번째고, 어떻게 할 것인지 계획을 세우는 것이 세 번째고, 그래서 오늘 무엇을 할지 정하는 것이 마지막 네 번째이다. 그리고 이 모든 것은 정량화가 되어야 한다.

다이어트 목표를 잡는다면, '살을 빼겠다.'라는 목표보다 '9kg을 빼겠다.'라는 목표가 좋고, 그보단 '3개월에 9kg을 빼겠다.'라는 목표가 좋고, 그보단 '매달 3kg씩 감량해 3개월 후에는 9kg을 빼겠다.'라는 목표가 더 좋다. 목표를 정량화하면 기간별 계획을 세울 수 있고, 결국, 오늘 할 일을 정할 수 있다. 목표를 정량화하기가 힘들면 육하원칙으로 써보면 도움이 된다. 예를 들어, 다음 문장과 같이 목표를 정할 수 있다.

육하원칙 목표 예시 1) 돈 1억 원
(언제) 2024년 12월30일에 (누가) 내가 (무엇을) 돈이 (어떻게) 통장에 있는 모습을 확인한다. (왜) 나는 그 돈으로 자유와 시간을 살 것이기 때문이다.

육하원칙 목표 예시 2) 출판
(누가) 나는 (무엇을) 시간 관리책을 (언제) 2024년 6월 말까지 (어떻게) 출판한다. (왜) 많은 사람에게 시간을 효율적으

로 사용하는 방법을 알리고 싶기 때문이다.

또는 SMART로 설정하는 방법도 있다. SMART 목표 설정 기법은 1981년에 조지 도란(George T. Doran)의 논문에서 소개된 방법이다. SMART 목표 설정 기법의 원칙은 Specific(구체적인), Measurable(측정 가능한), Attainable(달성 가능한), Relevant(관련 있는), Time-bound(정해진 기한)이다.

SMART 목표 예시1) 다이어트

Specific(구체적인) : 나는 삼 개월간 다이어트 식단을 먹고 매일 1시간씩 근력 운동을 한다.

Measurable(측정 가능한) : 매일 식단 하루 1000kcal와 헬스장 운동 1시간

Attainable(달성 가능한) : 1달에 3kg 감량

Relevant(관련 있는) : 체지방 10% 낮춤, 혈압 낮춤 130/90 이하로 낮춘다.

Time-bound(정해진 기한) : 1달, 3kg 감량, 3개월 총 10kg을 감량한다.

이렇게 목표를 숫자로 표시하면, 계획도 목표에 맞춰 정할 수 있다.

꿈의 사다리 만들기

계획은 꿈으로 올라가는 사다리를 놓는 것이다. 행동은 만들어진 사다리를 타고 한 발씩 올라가는 것이다. 이때 사다리는 아주 튼튼해서 떨어지지 않도록 안전장치를 해놔야 한다. 목표가 아주 높은 곳에 있다면 사다리에는 더 많은 안전장치가 필요하다. 그리고 사다리를 오르다 지쳤을 때 힘을 낼 수 있는 음식도 준비해두면 좋다. 앞서 얘기한 간절함은 계획이라는 사다리를 오르는 동안 지치지 않고 힘을 내게 해줄 에너지이다.

이제 사다리를 설계하는 방법을 보자. 일 년 후의 목표가 있다면 목표에 도달하기 위한 열두 단계로 나눠 월간 목표를 만든다. 그리고 다시 월간 목표를 네 개에서 다섯 개로 나눠 주간 목표를 정한다. 그리고 주간 목표를 보며 오늘 할 일을 정한다.

예를 들어 일 년 후에 책을 쓰고 싶은 사람이 있다면 반으로 나눠 6개월간은 글쓰기 공부하기, 나머지 6개월은 원고를 쓰는 것으로 정한다. 다시 초기 6개월 글쓰기 공부를 반으로 나눠, 3개월간은 책과 강의를 통한 학습, 3개월간은 실습으로 정한다. 그리고 다시 나눠 매달 목표와 계획을 정한다. 이렇게 일 년 목표를 나누면 아래와 같은 월간 목표를 세운다.

월간 할 일 계획 세우기

〈학습 3개월〉

1월: 글쓰기 책과 강의를 찾아 선정하고, 강좌 1코스 듣기

2월: 글쓰기 책 2권 읽고 정리, 강좌 1코스 듣기

3월: 글쓰기 책 1권 읽고 정리, 강좌 2코스 듣고 정리하기, 글쓰기 방법 총정리

〈실습 3개월〉

4월~6월: 매월 에세이 5개 작성, 총 15개 에세이 작성

〈원고 쓰기〉

7월: 기획하기 (컨셉 확정, 독자층 선정, 벤치마킹 주제, 목차, 마케팅 방안)

8월~10월: 매월 2개 장 초고 완성, 총 6개 장 완성

11월: 퇴고

12월: 투고 및 마케팅

주간 할 일

월간 계획을 세웠다면, 매월 말이나 초가 되면 월간 계획에 따라 주간 계획을 세워야 한다. 위의 책쓰기 예시에 따라 1월의 주간 계획은 아래와 같이 세울 수 있을 것이다.

1월 목표: 글쓰기 책과 강의 선정하고, 강좌 1코스 듣기

1주 차: 플랫폼별 글쓰기 강좌 확인

2주 차: 글쓰기 강좌 5곳 비교 선택, 글쓰기 책 검색

3주 차: 글쓰기 강좌 1/3 보기, 글쓰기 책 검색

4주 차: 글쓰기 강좌 2/3 보기, 책 선택

5주 차: 글쓰기 강좌 3/3 보기

오늘의 할 일 계획 세우기

첫 주차 계획에 따라 오늘 하루 할 일을 생각해보자. 오늘 할 일은 글쓰기 강좌를 들을 수 있는 어떤 플랫폼이 있는지 확인하는 것이다. 크몽, 탈잉, 클래스101, 베어유, 유튜브 등 수많은 강좌가 있다. 첫날은 어떤 플랫폼이 있는지만 알아보는 정도로 한다. 대략 삼십 분 정도 소요된다. 그리고 다음 날에도 대략 삼십 분 정도 소요해 플랫폼을 한 번 더 살핀다.

월요일: 강좌 플랫폼 확인

화요일: 강좌 플랫폼 확인

수요일: 플랫폼별 강좌 가격, 내용 확인

목요일: 강좌별 강사 이력 확인

금요일: 강좌별 강사 이력 확인

오늘 할 일을 하는 방법, 인생을 잘 사는 방법

사실, 목표와 계획과 할 일은 다 같은 말이다. 차이점은 오직 도달 시점이다. 도달 시점이 일 년처럼 멀리 있으면 목표라고 부른다. 한 달, 일주일과 같이 가까이 있으면 계획이라

부른다. 오늘과 같이 짧게 있으면 할 일이 부른다. 목표를 세우고 계획을 잡으라는 얘기는 결국 할 일을 정하라는 것과 같다. 어떻게 보면 목표도 인생을 잘 살기 위한 하나의 할 일이기 때문이다.

 오늘의 할 일을 잘하면 자연히 계획한 대로 이루어지고, 결국 목표도 달성할 수 있다. 반대로 오늘 하루 할 일을 제대로 하지 않으면 목표도 이루기 힘들다. 목표를 세우지 않고 오늘 할 일도 모르는 사람은 자신의 인생이 어떻게 흘러갈지 모르고 산다. 예측할 수 없기에 운에 맡긴 삶을 산다.
 누구나 삶은 소중하다고 말하지만, 자세히 들여다보면 대부분은 운에 맡기고 산다. 오늘 할 일이 정해졌다면 무슨 수를 써서라도 그 일을 해야 한다. 그 방법만이 운에 맡기는 것이 아니라 원하는 삶을 살아가는 방법이다.

> **나를 적어보기**
> 연간, 월간, 주간 목표와 계획을 세우고 적어본다.

2-6 겁나 빠른 거북이의 습관 만들기

습관을 만든다는 것

 필자는 책을 읽기 시작하고 글을 쓰면서 다양한 모임에 참가했다. 독서 모임부터 글쓰기 모임, 다이어리 쓰기, 동영상 만들기 등 그 종류도 다양하다. 당시 모든 모임 운영자는 자신이 운영하는 모임이 얼마나 중요한지 얘기하고 반드시 해야 하는 것처럼 소개했다. 하지만 얼마 지나지 않아 다이어리 모임을 주최하던 운영자가 보이질 않았고, 독서 모임을 운영하던 운영자는 모임을 없앴고, 동영상 제작을 가르치던 사람도 자취를 감췄다. 내일 당장이라도 대단한 일을 벌일 것 같던 사람들이 하나둘 자취를 감쳤다. 그들은 다 어디로 갔을까?

 시작은 누구나 할 수 있다. '나도 좋은 습관 한 번 만들어볼까?'라는 생각으로 아침 일찍 일어나 운동을 하거나 독서를 하거나 글을 써본다. 며칠은 잘한다. 아침에 일찍 일어나니 자신이 마치 다른 사람이 된 것 같은 기분마저 든다. 하지만 얼마 지나지 않아 늦잠을 자고 며칠 동안 유지했던 아침 활동이 깨진다. 다시 해볼까도 생각해보지만 영 귀찮고 하기가 싫다. 그리고 마음속에서 이런 얘기가 들려온다. '바쁘잖아. 그냥 내일부터 해. 내일부터 다시 일찍 일어나서 하면 되지.'

역시나 다음날도 늦잠을 잤다. 운동도 독서도 모두 귀찮다. 다시 마음속 소리가 들려온다. '몸도 안 좋은데 하루만 더 쉬어. 내일부터 하면 되지!' 그리고 급하게 해야 할 일이 때맞추어 생각난다. '오늘은 할 일이 많아서 안 되겠어. 내일부터 다시 하자.' 이렇게 마음속 소리를 따라 이전의 생활로 돌아간다. 다음날이다. 이틀을 쉬었더니 이젠 정말 하기 싫다. 책상으로 가는 길이 너무 멀다. 심지어 의자에 앉는 것 자체가 싫다. 스마트폰을 켜고 유튜브 동영상 숏츠를 본다. 예전으로 돌아갔다. 많은 사람이 이렇게 습관 만들기에 실패한다. 습관을 바꾼다는 것이 여간 힘든 일이 아니다. 문제가 뭘까?

겁나 빠른 거북이

필자는 결코 빠른 사람이 아니다. 할 일이 있으면 마감일까지 미루다 마지막 날이 되어야 밤을 새워서 겨우 결과물을 내놓는 그런 사람이었다. 마감일이 되어서 급하게 일을 처리하니 결과물의 수준이 좋지 않았다. 내가 만든 결과물이지만 내

맘에도 들지 않았다. 하지만 지금은 다른 사람보다 두세 배 더 많은 일을 한다. 느림보 거북이가 엄청 빠른 거북이가 되었다. 이렇게 변하기까지 책의 도움이 컸다.

 책 속에 나오는 성공한 사람들은 삶을 대하는 태도가 달랐다. 모두 하나같이 자기관리에 철저했고, 무엇을 해야 할지에 대해 명확하게 알고 있었으며, 마음먹은 일이 있다면 무슨 일이 있어도 해내는 사람들이었다. 나도 그런 사람이 되고 싶었다. 불가능하다고 생각했지만, 그래도 조금은 나아질 것 같은 기대감에 그들을 따라 해보았다. 첫 시작은 할 일을 적는 것이었다. 글로 적어보니 생각보다 할 일이 많았다. 하지만 몸에 밴 습관은 변하지 않았기에 적은 일을 모두 할 수 없었다. 그러면서 알게 된 것이 있다. 기록하지 않았을 때는 마치 내가 대단한 사람이고, 많은 일을 한다고 생각했는데 막상 할 일을 적어보니 그건 나의 착각이었다.

 할 일을 글로 적으니 현실을 직시할 수 있었다. 필자는 나태하고 움직이지 않는 사람이었다. 나에게 주어진 하루 24시간 대부분을 별다른 일을 하지 않고 흘려보내고 있었다. 시간이 없어서 할 일을 못 하는 게 아니라, 시간은 넘쳤지만, 귀찮아서 혹은 피곤하다는 핑계로 하지 않았던 것이다. 그래서 쉬는 시간, 나태한 시간을 관리하기 시작했다.

10분의 휴식이라는 달콤한 보상

이전과 다르게 시간을 사용하는 게 쉽지는 않았기에 먼저 마음을 다잡아야 했다. 할 일 리스트를 보면서 오늘 꼭 해야 하는 일을 정했다. 그리고 오늘 반드시 해야 한다고 나 자신에게 주지시켰다. 책에서 봤던 성공한 사람들처럼 무슨 일이 있어도 오늘 꼭 해야 할 일을 해내기로 마음먹었다. 쉬는 시간은 십 분으로 정하고 더 쉬게되더라도 십오 분을 넘지 않기로 했다. 대신 쉬는 시간을 자주 가졌다. 하나의 일을 끝낼 때마다 쉬었다. 십분 걸리는 일을 끝내도 십 분을, 한 시간 걸리는 일을 끝내도 십분 쉬었다. 하나의 일을 끝낼 때마다 그에 대한 보상으로 휴식을 주었다. 반면 일이 끝나지 않으면 쉬지 않기로 했더니 쉬기 위해서라도 빨리 끝내야 했다. 하기 싫은 일은 더 빨리하게 되었다. 하기 싫은 일을 빨리 끝내야 달콤한 휴식 시간이 돌아오기 때문이다. 십분 휴식은 하나의 일을 빨리 끝내야 하는 이유가 되어 전보다 능률이 올랐다.

휴식 시간을 정하자 의자에 앉아 있는 시간이 자연스럽게 길어졌고 의미 없이 쉬는 시간이 줄었다. 평소보다 훨씬 더 많은 일을 할 수 있었다. 시간이 없어서 일을 못 했던 것이 아니었다. 할 일에 비해 휴식 시간이 너무 길었던 것이다. 삼십 분간 일했다면 쉬는 시간은 한두 시간이었다. 휴식 시간을 열심히 일한 나에게 주어지는 선물이라고 생각했다. 힘든 일이 있어도 휴식이라는 보상을 주고, 잘한 일이 있어도 휴식을 주었다. 밥을 먹으면 밥 먹었다고 쉬고, 나갔다 들어오면 피곤하다고 쉬고, 심지어 할 일이 없으면 일을 안 해도 되니 쉬었다. 그렇게 휴식 시간이 지나지체 많으니 일할 시간이 없었다. 휴식 시간을 10분으로 정하니 모든 문제를 해결할 수 있었다.

우리가 할 일을 제시간에 처리하지 못하는 이유는 시간이 없어서가 아니다. 시간은 충분하다. 대부분의 시간을 휴식에 써버리기 때문에 시간이 없다고 느끼는 것이다. 휴식 시간만 줄이면 지금보다 훨씬 더 많은 일을 할 수 있다. 아무리 느린 사람이라도 충분히 할 수 있다. 10분의 휴식 시간을 지키면, 누구나 겁나 빠른 거북이가 될 수 있다.

1분 습관 만들기

아무리 쉬워 보이는 습관이라도 새로운 습관을 만드는 일은 절대 쉽지 않다. 인간의 의지는 생각보다 약하기 때문에 관성처럼 지속하던 패턴을 바꾸기 어렵다. 먹을 것이 있으면 손이 가고, 옆에 침대가 있으면 눕고 싶고, 스마트폰을 들면 SNS와 숏츠에 손이 가는 것은 자연스럽다. 그래서 습관을 만들고자 한다면 목표를 최대한 적게 해야 한다. 저항감 없이 도달

할 수 있는 정도의 목표여야 저항감 없이 습관을 만들 수 있다. 즉 꿈은 원대하더라도 행동은 눈을 깜박이는 것처럼 쉬워야 한다. 스스로도 변화를 인지하지 못하여 하루도 빠지지 않고, 할 수 있을 만큼 쉽게 목표를 설정해야 100% 성공하여 좋은 습관을 만들 수 있다.

100% 성공하는 습관을 만들기 위해 쉬운 목표를 설정하는 방법이 있다. 어떤 습관을 만들던 목표 시간을 단 1분으로 설정하는 것이다. 예를 들어 독서를 습관으로 만들고자 한다면 1분 동안 독서하기를 목표로 잡는다. 글을 쓴다면 1분 글쓰기를 목표로 잡는다. 운동도 습관으로 만들려면 1분을 목표로 잡는다.

'1분의 목표 설정으로 얼마나 효과가 있을까?'라고 생각할 수도 있다. 하지만 생각해보자 30분을 목표로 잡고 습관을 만들어서 성공한 적이 있는가? 일주일 이상 지속하여 매일 하는 습관으로 만들었는가? 총시간으로 따져보자. 30분씩 일주일 동안 하고 그만둔다면 210분이다. 하지만 1분씩 매일 한다면 일 년간 최소한 365분이다. 그런데 과연 1분을 목표로 잡고 한다고 1분만 하고 말까? 목표는 1분일지라도 1분 이상 하게 된다. 목표를 1분으로 잡으면 마음의 부담이 적어진다. 하기 싫은 날은 그저 1분으로 끝내면 된다.

필자는 매일 아침 운동을 8년째 유지하고 있다. 그 방법이 바로 1분 운동이다. 아침에 일어나 팔굽혀펴기를 하는데 1분에 40번 정도를 한다. 기분좋은 날은 80번도 한다. 수년간 매일 하니 한 번에 40번 하는 것이 어렵지 않게 되었다. 언젠가부터는 윗몸일으키기와 물구나무서기도 추가했다. 이제 벽을 짚지 않고도 물구나무를 설 수 있다.

1분을 우습게 보면 안 된다. 진정 우습게 봐야 할 것은 습관 하나도 제대로 만들지 못하면서 목표만 높게 잡는 자신의 모습이다. 1분 습관 만들기로 평생 갈 수 있는 좋은 습관을 만들어보길 바란다.

절대 이틀은 안 된다

아무리 짧은 1분 습관이라도 막상 해보면 쉽지 않다. 그리고 정말 하기 싫은 날도 있다. 하지만 절대 지켜야 하는 원칙이 있다. 하루는 건너뛸 수 있어도 이틀을 넘기면 안 된다. 자신이 얼마나 나태한 사람인지 스스로 잘 알 것이다. 하루는 빠질 수 있지만, 이틀을 빠진다면 얘기가 다르다. 이틀은 바로 사흘이 되고 나흘이 되어 포기하기 쉽다. 그래서 하루는 빠질 수 있지만 절대 이틀 이상 빠지면 안 된다. 그래서 이틀 빠지면 안 된다는 절대 원칙을 세워야 한다.

매일 조금씩 나아지기

사람들이 습관을 만들면서 실수하는 부분이 있다. 매일 똑같은 습관만 반복하는 것이다. 처음에는 새로운 관성을 만드는 것이기에 똑같은 습관을 반복해도 된다. 하지만 어느 정도 습관이 몸에 배었다면 습관을 발전해야 한다. 어느 정도 익숙해졌으면 다음 단계로 넘어가야 한다. 책을 예로 들면 독서→사색→글쓰기로 넘어가야 한다. 점차 어려운 습관을 추가하는 것이다. 독서가 익숙해지면 사색의 단계, 사색의 단계가 익숙해지면 글 쓰는 단계로 넘어가야 한다. 이렇게 습관을 점진적으로 발전시켜야 한다. 영어 학습 습관을 만든다면 처음에는 읽기 또는 듣기 습관으로 시작한다. 다음에는 영어로 생각하고 말하기의 습관을 추가한다. 습관을 만드는 것은 지속적인 발전을 위해서이다. 그래서 습관도 지속적인 발전에 맞춰져야 한다.

나를 적어보기

휴식시간 10분으로 제한하기

매일 꼭 해야 하는 1분 습관을 만들어 실천하기

2-7 열심히보다 되게 하기

능숙해져야 한다

일하는 속도가 실력의 중요한 척도라는 사실을 모르는 사람이 많다. 그러나 속도는 실력을 가늠하는 중요한 요소다. 빠르게 일하는 사람은 같은 시간 안에 더 많은 일을 할 수 있기 때문이다. 그래서 효율적인 시간 관리를 위해서는 속도 또한 신경 써야 한다.

대부분의 작가는 일반인보다 글을 빨리 읽는다. 전문 디자이너는 초보자보다 훨씬 빨리 디자인을 완성한다. 많은 경험과 익숙함은 자연스럽게 속도를 증가시킨다. 속도가 빨라지면 경쟁력이 생긴다.

익숙함은 숙달로 이어진다. 숙달되기 위해서는 한 분야에서 비슷한 경험이 여러 번 축적되어야 한다. 반복 작업을 통해 익숙함이 한계를 넘어설 때, 비로소 자연스러워진다. 이 자연스러움은 의식적인 노력이 아닌 무의식적인 행동을 만들어내며, 이로 인해 다른 사람들에게는 믿을 수 없을 만큼 빠르게 일하는 것처럼 보인다. 그러나 당사자는 이 과정을 매우 쉽게 해낸다. 모든 달인은 이렇게 탄생한다.

빨리하는 것도 전략이 있다

일에 더 빠르게 숙달되는 방법이 있다. 자신의 일을 더 빠르고 숙달되게 하기 위해 다음의 방법을 적용해보자.

첫 번째, 집중도를 높인다

일을 시작하면 가능한 한 자리에서 벗어나지 않는 것이 중요하다. 잠시 일어나서 아주 단순한 일을 하더라도 최소 5분 정도는 소비되고 다시 일에 집중하는데도 최소 몇 분의 시간이 걸린다. 그래서 한번 시작한 일은 가능하면 끝을 보는 것이 좋다. 일이 하나 끝나면 다시 그 일을 생각할 필요가 없고 다른 생각을 해야 하니 그때 환기의 시간을 갖는 것이 좋다.

두 번째, 양을 늘린다.

필자는 회사소개, 강의안 등의 프레젠테이션 파일을 잘 만든다. 20년간 해외 고객을 만나면서 수없이 많은 프레젠테이션 자료를 만들었기 때문이다. 20년 동안 회사 업무로 프레젠테이션 파일을 만들었던 경험이 개인적인 강의안을 만들 때 빛을 발했다.

오랜 기간 꾸준히 하면 아무리 재능이 없는 사람이라도 어느 정도 하게 된다. 잘하고자 목표한 일이 있다면 경험의 양을 늘리는 것이 중요하다. 처음에는 어설프고 서툴러 실수하고 잘하지 못할 수 있다. 하지만 언제까지나 서툰 상태이지는 않을 것이다. 아무리 해도 서툴다면 그것 또한 신기한 일이다. 처음에 서툴다고 그만둔다면 세상에 잘할 수 있는 일은 없다.
 목표한 일이 있다면 처음에는 잘하지 못하더라도 꾸준히 해야 한다. 일정한 시간이 지나면 자연히 실력이 향상되고, 실수는 줄어든다. 우리는 그걸 익숙해진다고 말한다. 익숙해지면 잘하게 되고, 잘하면 재미있어진다. 잘할 수 있는 일을 찾는 것보다 우선해야 할 것은 잘할 때까지 버틸 힘을 기르는 것이다.

 필자는 강의하고 싶어서 강의 수업을 2년 넘게 수강했다. 처음 강의 실습을 했을 때는 '내가 정말 강의를 할 수 있을까?'라는 생각이 들었다. 만약 그때 필자의 모습을 봤다면 키득거리며 웃을 것이다. 그러나 2년간 꾸준히 하자 그런 모습은 온데간데없어졌다. 그리고 그 수업에서 내가 가장 강의를 잘하는 사람이 되었다. 2년 동안 남아있는 사람은 필자가 유일했기 때문이다. 시간은 바보도 천재로 만든다. 버티면 바보도 천재가 되지만, 대부분의 바보는 버티기보다 잘할 수 있는 일을 찾는 과정을 무한 반복한다.

세 번째, 나만의 방법을 찾고 적용한다

필자는 마흔 살이 되어서야 책을 읽기 시작했다. 책만 펼치면 잠이 오던 사람이 책을 읽는다는것이 쉬운 일은 아니었다. 1년에 책 100권 읽는 것을 목표로 잡았다. 막상 책을 읽어보니 책 읽는 속도가 너무 느렸다. 그래서 빨리 읽는 방법을 곰곰이 생각하며 방법을 찾았다. 몇 가지 아이디어가 떠올랐고, 하나씩 적용해보았다. 그중 하나의 방법이 타이머를 맞추고 기록을 경신하는 연습을 하는 것이었다. 아이디어는 달리기 선수의 훈련법에서 착안했다.

책 읽기 전, 10분에 타이머를 맞추고, 10분간 책을 읽으며 속도를 측정하는 방법이다. 운동선수가 기록 경신을 연습하듯, 매일 조금 더 빨라지는 것을 목표로 훈련을 했다. 효과가 있었다. 채 한 달이 지나지 않아 50퍼센트 이상의 속도가 올랐다. 꾸준히 훈련했더니 처음 대비 세 배의 속도로 읽을 수 있었다.

어제보다 조금 더 나아지겠다는 목표를 정하고 매일 훈련하여 이뤄낸 성과였다. 이 방법은 독서뿐 아니라 다른 일에서도 효과가 있다. 예를 들어 팔굽혀 펴기 운동을 한다면 오늘의 목표는 어제보다 한 개 더하는 것이다. 글을 쓴다면 쉬지 않고 글 쓰는 시간을 5분 더 늘리는 것을 목표로 한다.

속도는 전략이다. 다른 사람보다 빨리 할 수 있다는 것은 그 자체만으로도 다른 사람이 하지 못하는 나만의 경쟁력이 된다. 같은 습관을 반복하되 매일 어제보다 조금씩 나아진다면, 습관이 삶을 바꿀 것이다.

부러워만 하지 말고 그들의 고통에 박수를 보내라

특출한 능력이 있는 사람을 보고 "나도 저렇게 잘했으면 좋겠다."라는 생각은 누구나 한 번쯤 해봤을 것이다. 혹시 나도 할 수 있을까? 하는 마음에 따라 해봐도 생각처럼 잘 안 된다. 잘하지 못하는 자신을 보면서 '나는 왜 저런 능력이 없을까?'라며 스스로 부족한 사람이라는 생각이 들곤 한다. 하지만 우리가 잘 모르는 것이 있다.

탁월한 능력을 발휘하는 이도 처음부터 잘하지는 못했을 것이다. 어떤 이는 상황에 떠밀려 어쩔 수 없이 시작했을 수도 있고, 또 다른 이는 우연한 기회에 시작했을 수도 있다. 중요한 것은 어떻게 시작했는지가 아니다. 처음에 얼마나 못했는지도 중요하지 한다. 중요한 점은 잘하기 위해 수년간 같은 일을 반복한 노력이고, 매일 한계를 넘어서기 위해 흘렸던 땀

방울과 시간의 위대함이다.

 탁월한 능력이 있는 사람이 부럽다면, 현재 잘하는 모습을 부러워하기보단 그들이 잘하기까지 투자한 시간과 노력을 부러워해야 한다. 잘못하고 실수해도 그만두지 않고 계속했던 끈기를 부러워해야 한다. 그런 끈기가 나에게도 있는지 생각해보자. 혹시 그런 끈기가 있다면 세상에서 가장 위대한 무기를 가진 것이다. 시작은 미비하더라도 분명 언젠가는 그들처럼 탁월한 능력을 만들 수 있다. 하지만 끈기와 노력과 성실함이 부족한 사람이라면 매번 탁월한 능력을 갖춘 사람들을 부러워하는 사람으로만 남을 것이다. 탁월함은 재능에서 나온 작품이 아니라 시간이 쌓아 올린 조각이다.

성장의 고통을 낮추는 방법

 새로운 것에 도전한다는 건 매번 고통스럽고 힘든 일이다. 힘겨운 고통을 낮추면서 새로운 일을 해나갈 수 있는 좋은 방법이 있다. 그것은 작은 성공을 지속해서 맛보는 것이다.

 대니얼 코일이 쓴 '탤런트 코드'에는 '스위트 스폿'이라는 개념이 나온다. '스위트 스폿'이란 자신이 도전할 수 있는 부분이면서도 쉽지 않은 구간을 말한다. 쉽게 말해 훈련 목표를 설정할 때 아주 먼 목표가 아닌, 자신의 능력이 닿을락 말락 한 구간으로 잡으라는 뜻이다. '스위트 스폿'을 목표로 정하고 심층 연습하여 자신을 밀어붙이면서 집중적으로 훈련해서 '스위트 스폿'에 도달하는 작은 성공을 반복해서 맛보는 것이 중요하다고 말한다. '스위트 스폿' 목표를 정하면 능력이 향상되는 것을 계단 오르듯이 확인할 수 있고, 한 계단을 오를 때마다 성취감을 맛볼 수 있다. 성취감은 성장의 고통을 줄여주는 특효약이다.

필자가 처음 허리를 숙여 스트레칭을 할 때는 손이 발에 닿지 않았다. 아무리 굽혀도 뒷다리가 당겨서 더 이상 손을 뻗을 수 없었다. 스트레칭을 해본 사람은 알겠지만, 조금만 더 허리를 구부리면 심줄이 찢어지는 듯한 고통을 느낀다. 너무 굳은 몸을 조금이라도 펴보기 위해 '스위트 스폿' 목표를 잡기로 했다. 다음날부터 1cm 더 늘이는 것을 목표로 삼았다. 그리고 매일 1cm 더 늘이는 연습을 했더니, 어느 날 정말 1cm 더 뻗을 수 있었다. 그리고 또 얼마 지나지 않아 다시 1cm를 더 뻗을 수 있었다. 그렇게 한참이 지나자 발끝을 훨씬 지나서까지 손을 뻗을 수 있었다. 작은 목표의 도달은 어떻게 보면 별 것 아닐 수 있지만 당사자에게 큰 만족감을 선사한다.

원하는 목표가 있다면, 자신만의 '스위트 스폿'을 정하고 도달하려는 심층 연습을 통해 매일 조금씩 발전시켜 나가자. 성공의 열매를 따기 위해서 고통을 감수하겠다는 마음을 먹어야 한다. 그리고 가장 상식적이고 가장 기본적인 방법을 찾아서 그대로 하면 된다.

잘하는 일과 잘하고 싶은 일

기타 치는 것을 정말 좋아하는 사람이 있었다. 문제는 아무리 연습해도 실력이 늘지 않는데 있었다. 그런데 그림은 아주 잘 그린다. 그런데도 불구하고 이 사람이 그림 그리기를 포기하고 기타를 쳐야 할까? 기타 치는 것을 좋아하지만 아무리 노력해도 잘할 수 없다면 그 일을 업으로 삼아 얼마나 할 수 있을까?

사람들은 잘하는 일과 좋아하는 일 중 어떤 일을 해야 할까를 두고 고민한다. 이런 고민을 하는 사람은 시도를 많이 안 해본 사람이다. 필자는 당연히 잘하는 일을 해야 한다고 말한다. 우리는 자본주의에 살고 있다. 자본주의 사회에서 돈 없이 사는 것은 불가능하다. 결국, 뭔가 잘하는 것을 해야 한다. 만약 좋아하는 일을 하며 살고 싶다면 잘하는 것을 업으로 삼고, 별도로 좋아하는 일을 잘할 수 있도록 만드는 작업이 필요하다. 좋아한다는 이유로 잘하지 못하는 것을 무조건 하겠다는 것은 결국 누군가에게 의존할 수밖에 없다. 아무리 좋아해도 잘하지 못하면 업으로 삼을 수 없다. 잘하지 못하는 일은 업이 아니라 취미로 해야 한다. 아니면 좋아하는 일을 잘할 때까지 다른 업을 가지고 있어야 한다. 자본주의 사회에서 돈을 벌기 위해서는 누군가에게 가치있는 상품을 만들어서 교환해야 하고, 가치있는 상품을 만들기 위해서는 다른 이보다 탁월해야 하기 때문이다. 우선은 잘하는 일을 업으로 해야 한다. 그리고 좋아하는 일을 업으로 삼고 싶다면, 다른 사람에게 자신의 상품 가치를 증명하는 성과를 쌓아야 한다. 다른 이가 탁월함을 인정해주고, 상품을 가져가는 대신 교환의 댓가로 돈을 지불할 때가 되기 전까지는 계속해서 성과를 쌓아야 한다. 그리고 시간이 쌓여, 좋아하는 일이 만든 상품의 가치가 충분한 인정을 받는다면, 그때서야 업으로 삼아야 한다. 그렇게 되기 전까지는 자신의 에너지 잘하는 일을 더 잘하는데 7, 좋아하는 일을 잘하는데 3 정도의 비율로 사용하자.

나를 적어보기

스위트 스폿 설정하기
- 스위트 스폿을 여러 단계로 나눠 계단처럼 만들기
- 단계마다 목표 설정하기
- 각 단계에 도달했을 때 자신의 모습 그려보기

2-8 중요한 일에 최대의 에너지를 쏟다

빼기의 미학

지금까지 잘 따라왔다면, 꿈이 생겨 목표를 정하고 그것을 이루는데 필요한 습관과 작은 성공목표까지도 설정했을 것이다. 거기에 더해 잘하는 게 어떤 것인지, 무엇을 하고 싶은지도 생각해봤을 것이다. 여기까지 마쳤다면 이제는 어떤 것에 더 집중할 것인가를 돌아봐야 한다. 필요하다면 지금까지 생각해본 일 중에 몇 가지는 정리해야 할 수도 있다.

지금 하는 일 또는 이제부터 해야겠다고 생각한 모든 일을 자신이 가진 시간과 에너지로 다 해낼 수 있는지 살펴봐야 한다. 즉, 내가 하고자 하는 일의 양이 자신의 투자할 수 있는 시간과 에너지와 비교했을 때 적당한지 확인해야 한다.

'완벽한 상태란 더 이상 더할 것이 없는 상태가 아니라 더 이상 뺄 것이 없는 상태이다.'라는 말처럼 우리는 항상 너무 많은 일을 하려고 한다. 자신이 가진 시간과 에너지는 일정한데, 지나친 계획을 세우면 결국 지친다. 생각으로는 다 할 수 있을 것 같지만, 막상 실천해보면 의지가 그리 강하지 않다는 것을 알게 되고 며칠만 지나도 지치고 힘들어 이전의 모습으로 돌아간다. 인정하자. 우리는 생각처럼 대단하지 않다. 고작 한두 가지 일에 집중하는 것마저도 버겁다.

우리는 할 일 계획을 세울 때 시간에 대해 몇 가지 착각을 한다.

첫째는 하루에 상당히 많은 일을 할 수 있다는 착각이다. 오늘 하고 싶은 일을 생각나는 대로 적고 생활해보면 적어놓은 일의 상당수를 할 수 없다는 것을 알게 된다.

둘째는 하나의 일을 하는데 걸리는 시간이 실제보다 적게 걸릴 것이라는 착각이다. 일하는데 걸리는 예상 시간을 적고 실제 사용된 시간을 비교해보면 대부분이 예상보다 더 많은 시간이 필요하다는 것을 알 수 있다. 심지어 어떤 일은 시간이 두 배 이상 걸리기도 한다.

셋째는 쉬지 않고 일만 할 것이라는 착각이다. 하지만 하루 중 상당히 많은 시간을 휴식에 사용한다. 자신이 스마트폰을 만지작거리는데 들어가는 시간이 얼마인지를 보면 알 수 있다.

우리의 착각은 이런 것이다. 엄청나게 빠른 속도로 일 할 수 있고, 쉬지 않고 일해서 완벽한 하루를 보내리라 생각한다. 사실 우리는 너무도 나태하고 대부분 시간을 허비하고, 조금만 여유가 있으면 쉬려 하고, 머릿속에서는 쓸데없는 공상으로 가득하고, 어떻게 해서든 쉴 핑계를 대며, 밀린 일 중 마감일이 닥쳐온 것을 가까스로 해내는 존재다. 사실 우리는 다 그렇다.

하나 먼저 제대로 하기

그래서 해야 할 일을 다시 들여다봐야 한다. 시간 관리에서 가장 중요한 것은 얼마나 많은 일을 어떻게 해낼지 보다, 어떻게 하면 할 일을 더 줄이고, 줄이고 남은 일 중에서 그날 꼭 해야 할 일을 결정하는 것이다.

어차피 계획했던 일 대부분을 못 한다면, 하루에 아주 중요한 일 하나 정도는 반드시 해야 할 테니 말이다. 그렇다면 수많은 할 일 중에 어떤 일을 줄이고, 어떤 일을 반드시 해야 할까? 급한 일? 아니다, 오늘 꼭 해야 하는 일은 급한 일보다 인생에 가장 큰 영향을 주는 일이다.

보통 시간 관리에서, 긴급한 일과 중요한 일의 순으로 나눈 후 사분면의 일 중 긴급하지 않고 중요한 일을 해야 한다고 말한다. 그런데 살면서 어떻게 매번 일을 이렇게 나눠서 생각하겠는가? 나는 지금껏 매일 할 일을 사분면에 정리하는 사람을 본 적이 없다. 매일 하는 사람이 있다면 그마저도 시간을 낭비하는 것이다.

시간 관리는 단순해야 한다. 오늘 반드시 해야 할 일을 한눈에 알아보고 파악할 수 있어야 한다. 그리고 그런 방법은 존재한다. 그 방법은 삶의 영향력을 따져보는 것이다.

어떤 사람은 독서로, 어떤 사람은 마케팅으로 또 어떤 사람은 글쓰기로 삶을 바꾸려고 한다. 어떤 사람은 인플루언서로 어떤 사람은 유튜버로 삶의 변화를 시도한다. 이렇게 명확한 목표가 있다면 할 일 리스트에서 오늘 반드시 해야 할 일은 딱 보면 알 수 있다. 독서로 삶을 바꾸려는 사람은 독서 관련 일은 오늘 반드시 해야 한다. 다른 일은 해도 그만 안 해도 그만이다. 삶에 미치는 영향력이 적기 때문이다. 유튜버로 성공하고 싶은 사람은 유튜브 제작이나 홍보 관련 일을 하면 된다. 유튜버로 성공하는 것이 그의 삶에 영향력이 가장 크기 때문이다. 이처럼 자신의 삶에 영향력을 많이 끼칠 일을 하면 된다.

유튜버로 성공하고 싶은 사람이 촬영도 해야 하고 유튜브 홍보도 해야 한다면 어떤 일을 해야 할까? 라고 생각할 수 있다. 현재 시점에 영향력을 더 크게 미칠 일을 하면 된다. 촬영하는 것이 구독자를 늘리는데 더 영향력이 크다고 생각되면 오늘 촬영을 하고 홍보는 내일 하면 된다. 반대상황이라면 오늘 홍보하고 촬영은 내일 하면 된다. 정말 중요한 일은 딱 봤을 때 중요해 보이는 바로 그 일이다. 중요한 일은 무슨 일이 있어도 오늘 꼭 해야 한다. 그 외 다른 일은 내일로 미뤄도 된다.

받을 돈은 오늘 받고 줄 돈은 내일 줘라

재무와 관련하여 기막힌 교훈이 있다. '받을 돈은 오늘 받고 줄 돈은 내일 줘라.' 나에게 큰 도움이 될 일은 오늘 처리해야 한다. 나에게 큰 도움이 되지 않는 일은 내일 해도 된다. 할 일 리스트가 있으면 리스트를 쭉 한 번 훑어보고 삶에 가장 큰 영향을 줄 일만 찾는다. 오늘 꼭 해야 할 일이 있다면 내가 그 일에 할애할 수 있는 시간과 에너지는 몇 퍼센트인지 생각해보자. 중요한 일이라면 더 많은 시간과 에너지를 사용해야 한다. 다른 일을 줄여서라도 에너지를 아끼고 그 일에 더 많은 에너지를 배정해야 한다. 그렇게 하고 있는가? 중요한 일이라고 말하면서 10퍼센트 미만의 에너지를 사용하고 있지는 않은가? 만약 그렇다면 다른 일을 제쳐놓고서라도 중요한 일에 더 많은 에너지를 배정하자. 이제 오늘 꼭 해야 하는 일에 형광펜을 칠해서 눈에 잘 띄게 하고 최대한 많은 시간과 에너지를 배정하자. 그리고 아침부터 저녁까지 그 일을 잊지 말고 머릿속에서 계속 떠올리자. 어떤 이유가 있어도 오늘 해야 할 일은 오늘 끝내야 한다.

나를 적어보기
- 오늘 할 일을 적고, 할 일 중 오늘 하지 않아도 될 일은 무엇인가?
- 오늘 꼭 해야 하는 일은 무엇인가?
- 그 일에 얼마의 에너지를 투입할 것인가?

2-9 미래를 위한 현재의 투자

미래에 빚을 질 것인가? 미래를 위해 투자할 것인가?

아침에 일어나 스마트폰을 보고, 낮에도 4시간씩 스마트폰을 하고 잠자기 전에 누워서도 스마트폰을 하는 그런 삶을 꿈꾸는 사람이 있을까? 그런 삶을 꿈꾸지 않지만, 우리는 그렇게 살고 있다. 그러면서도 멋진 미래를 꿈꾸고 지금보다 더 나은 미래를 바란다. 매일 아침저녁으로 스마트폰을 손에서 놓지 않으면서도 말이다.

멋지고 대단한 미래를 그리면서, 현재 스마트폰을 손에서 놓지 못하는 것은 자극과 보상 때문이다. 뇌는 행동에 대한 자극이라는 보상을 기대한다. 보상에는 시기와 양이 있다. 어떤 행동은 현재에 보상을 준다. 또 어떤 행동은 현재에는 영향을 주지 않고 미래에 보상을 준다. 일반적으로 현재 주어지는 보상은 작지만, 미래에 받을 보상은 크다. 이것을 지연보상이라고 한다. 미래에 지연보상이 예상된다면 현재 재미없는 일도 할 수 있다. 현재를 견뎌내면 더 큰 보상을 얻을 수 있기 때문이다. 스마트폰을 보는 것은 현재 시점에서 자극이라는 보상을 준다. 비록 보상이 크진 않지만 작은 행동으로 지금 바로 보상을 받을 수 있기에 스마트폰을 손에서 놓지 못한다.

내가 바라는 삶의 모습을 생각해보자. 그것은 현재에 있는가? 미래에 있는가? 우리가 어떤 모습을 바란다면, 그것은 미래의 모습이다. 현재의 행동을 통해서 미래의 모습을 만들어가고 싶은 것이다. 즉, 행동은 현재에서 하지만, 결과는 미래에 나타나기를 바란다. 미래의 모습이 현재와 다르기를 바란다면, 현재하는 행동을 바꿔야 한다. 지금까지 하던 행동 패턴에 변화를 주어야 한다. 지금까지와 같은 행동 패턴으로는 지금과 비슷한 미래가 있을 수밖에 없다.

자신에게 이런 질문을 해보자. 아침에 일어나서 무의식중에 습관적으로 스마트폰을 만지는 행동이 자신이 바라는 미래의 모습으로 나아가는 원동력이 될까? 오늘 스마트폰을 보는 사람이 내일이면 보지 않을까? 오늘 아침 일어나자마자 스마트폰을 본 사람은 내일도 스마트폰을 볼 것이다. 그리고 모레도 볼 것이다. 지금처럼 매일 아침 스마트폰을 손에서 놓지 못한다면, 미래의 모습이 어떨지는 이미 예견되어 있다. 현재와 별반 다르지 않을 것이다.

현재와 다른 미래를 원한다면 현재를 투자해야 한다. 스마트폰을 보는 것이 아닌 다른 일을 해야 한다. 시간은 항상 복리로 작용한다. 오늘의 작은 행동이 습관이 되면 미래에 엄청난 파장을 일으킨다. 습관이 무서운 이유는 무의식의 지배를 받아 나도 모르게 하기 때문이다.

시간 앞에 고정된 것은 없다. 죽은 것 빼고 모든 것이 변한다. 지금 부족한 사람도 시간이 지나면 풍족한 사람이 될 수 있고, 지금 풍족해도 얼마 지나면 부족하게 될 수도 있다. 지금이 좋다고 십 년 후의 삶이 좋을 것이라고 얘기할 수는 없다. 미래에 좋은 결과를 바란다면 현재에 좋은 씨앗을 뿌려야 한다. 좋은 씨앗을 뿌린다는 것은 대단한 무엇을 하는 게 아니다. 우리가 익히 알고 있는 좋은 행동을 하는 것이다. 책을 읽고, 글을 쓰고, 주어진 것에 감사하고, 사람들에게 베풀며, 새로운 일에 도전하고, 미래를 준비하며 사는 것, 그것이 좋은 씨앗을 심는 것이다. 이런 행동이 현재의 보상은 크지 않겠지만 복리를 타고 눈덩이처럼 불어나 미래에 찾아올 보상은 그 어떤 것보다 강력하고 대단할 것이다.

시각화란, 미래라는 퍼즐을 푸는 것

미래를 예측할 수는 없지만, 현재의 작은 틈으로 살짝 들여다보는 방법이 있다. 현재 꾸준히 하는 행동을 미래로 늘려보는 것이다. 현재 꾸준하게 하는 행동은 미래에도 그렇게 하고 있을 가능성이 크다. 미래의 모습을 모두 맞출 수는 없지만, 현재 꾸준히 하는 일이 있다면, 미래에도 동일하게 적용될 것이기에 미래를 예측해보는 좋은 단서가 된다.

매일 아침 충만한 에너지로 하루를 여는 사람, 눈을 뜨면 미래의 모습을 그리고 명확히 보는 사람, 오늘 자신이 할 일이 무엇인지 분명하게 아는 사람, 명상하며 자신의 마음을 바라볼 줄 아는 사람, 건강한 신체를 유지하기 위해 꾸준히 운동하는 사람은 미래에도 그렇게 할 것이다. 매일 독서를 하며 성공한 사람들의 태도와 기술을 배우는 사람, 글을 쓰며 자기 생각을 바라보는 사람은 미래에도 그렇게 할 것이다. 사람을 소중히 여기는 사람, 주어진 것에 감사할 줄 아는 사람은 미래에도 그렇게 할 것이다.

많은 사람을 만나보면 왠지 잘될 것 같은 사람이 있다. 그런 사람의 특징을 보면 좋은 습관을 지닌 사람, 성실한 사람, 작은 일 하나에도 집중하고 정성을 다하는 사람이다. 그런 사람은 분명 성공한다.

 습관이란 가장 즐겨 입는 옷과 같다. 좋은 습관을 갖는 것은 좋은 옷을 입고 집을 나서는 것과 같다. 입은 옷에 따라 마음가짐과 행동이 달라지고, 사람들이 바라보는 시선이 달라진다. 습관도 그렇다. 어떤 습관을 지니고 있는가에 따라 마음가짐이 달라지고, 행동이 달라지고, 사람들이 바라보는 시선이 달라진다.

 자신의 지금 모습은 어떤가? 좋은 습관을 가지고 있는가? 그렇다고 답할 수 있다면, 분명 성공할 것이다. 만약 자신이 그런 사람이 아니라면 원하는 미래를 기대할 수 있을까? 다른 사람이 성공하면 부러워하고 쉽게 성공했다고 욕하면서, 자신은 쉽게 성공하려고 하면 그건 도둑놈 심보다. 다른 사람에게 들이대는 잣대로 자신을 바라보면 자신의 미래를 점쳐 볼 수 있다.

> **나를 적어보기**
> - 나는 하루를 어떻게 맞이하고 어떻게 마무리하는가?
> - 미래를 위해 어떤 투자를 하고 있는가?
> - 무의식적으로 하는 습관은 무엇인가?

☑ 2장 나를 적어보기

1. 나의 꿈 리스트 만들기
   - 잊고 있던 꿈, 하고 싶은 일 등 나만의 버킷리스트 만들기
2. 올해 꼭 이루고자 하는 일 한가지 정하기
   - 목표를 정량화해서 적고, 달성할 날짜 적기
3. 원하는 미래를 세밀하게 상상하고 적어보기
   - 미래를 현재 일어난 사건처럼 확언하기
4. 나의 꿈과 목표를 아침, 점심, 저녁에 확인하는 루틴 만들고 실천하기
5. 연간, 월간, 주간 목표와 계획을 세우고 적어본다.
6. 매일 꼭 해야 하는 1분 습관을 만들어 적어본다.
7. 스위트 스폿 설정하기
   - 스위트 스폿을 여러 단계로 나눠 계단처럼 만들기
   - 단계마다 목표 설정하기
   - 각 단계에 도달했을 때 자신의 모습 그려보기
8. 오늘 할 일을 적고, 할 일 중 오늘 하지 않아도 될 일은 무엇인가?
   - 오늘 꼭 해야 하는 일은 무엇인가?
   - 그 일에 얼마의 에너지를 투입할 것인가?
9. 나는 하루를 어떻게 맞이하고 어떻게 마무리하는가?
   - 미래를 위해 어떤 투자를 하고 있는가?
   - 무의식적으로 하는 습관은 무엇인가?

3장
오늘 하루를 관리합니다

3-1 하루 10분으로 완벽한 하루 만들기 ············ 126
3-2 시간에 대한 메타인지 ····························· 134
3-3 어떤 순서로 할 것인가 ·························· 141
3-4 중요한 일을 하고 있는가? ······················ 147
3-5 슬시생 다이어리를 소개합니다 ················ 153
3-6 시간의 복리 법칙 ································· 156

3-1 하루 10분으로 완벽한 하루 만들기

다이어리 작성에 2시간이 걸린다면

시간 관리를 잘한다는 분을 만난 적이 있다. 지금까지 수년간 써온 다이어리를 보여주었는데 시간대별로 형형색색 형광펜으로 칠해져 있었다. 왜 이렇게 색이 칠했는지 물어보니, 색마다 의미가 있단다. 몇 년간 쓴 다이어리도 보여주었는데 그것을 보면서 궁금한 게 생겼다.

"이렇게 하는데 얼마나 걸리세요?"
"하루 두세 시간 정도 걸리죠. 다이어리를 잘 쓰려면 그 정도는 해야 해요."
"다이어리에 할 일을 시간대별로 적고, 그 시간에 못 하면 어떡해요?"
"다이어리는 미리 쓰는 게 아니고, 일한 다음에 쓰는 거예요."
"할 일이 끝났는데 왜 적어요? 다이어리는 할 일을 잊지 않으려고 적는거 아니예요?"

"아니요. 일을 끝내고 하루를 리뷰하는 거예요. 그래야 어떻게 시간 관리하는지 아니까요."

"이렇게 모아두면 다시 보세요?"

"잘 보진 않아요. 사람들 교육할 때 보여주죠."

"보지도 않을 걸 왜 쓰세요?"

"쓰면서 보죠."

"계획도 안 보이고, 보지도 않을 걸 왜 정리하세요?"

"다이어리는 내가 어디에 시간을 많이 사용하는지 알기 위한 거예요. 분야별로 몇 시간씩 소비하는지 알기 위해서 쓰는 거예요."

그만 됐다. 많은 얘기를 나눴지만, 다이어리가 미래가 아닌 과거를 향해있어야 한다는 말을 이해할 수 없었다. 쓸데없는 걸 물어봤다. 그에게 다이어리는 아무짝에도 쓸모없는 자기 자랑을 위한 트로피였다.

보지 않을 책을 책장에 모셔놓는 것과 다를바 없다. 오늘 어떤 일을 해야 할지 계획이 보이지 않는 다이어리가 왜 필요할까? 매일 몇 시간을 투자하여 다이어리에 형형색색으로 칠하는 것이 어떤 의미가 있을까?

시간을 관리하려면 계획이 있어야 한다. 다이어리는 최소한 계획을 담고 있어야 한다. 그렇지 않고, 지나간 행동을 돌아보기 위해 매일 몇 시간씩 다이어리 적는데 사용한다면, 청소하겠다는 사람이 청소는 안 하고 몇 시간씩 청소일지를 쓰는 꼴이다. 차라리 그 시간에 청소를 더 하는 게 낫다. 자신은 보지도 않을 다이어리를 다른 사람에게 보여주기 위해 모아두는 건 자기 자랑을 위한 컬렉션에 불가하다.

다이어리는 미래를 바꾸는 도구여야 한다. 자신이 원하는 미래에 다가서기 위한 목표와 계획과 할 일이 보여야 한다. 그리고, 삶의 방향이 원하는 대로 흘러가고 있는지 확인하는 검증 도구여야 한다. 다이어리는 과거가 아닌 미래를 향해있어야 한다.

필자에게는 시간 관리에 대한 몇 가지 원칙이 있다.
첫째, 시간을 관리하는데 시간이 많이 들어가면 안 된다. 그건 시간 관리가 아니다. 하루 10분을 넘으면 안 된다.
둘째, 할 일은 삶의 목적과 목표를 향한 방향성을 맞추고 있어야 한다.
셋째, 할 일이 너무 많으면 안 된다. 에너지가 분산돼서 중요한 일을 놓칠 수 있다.

넷째, 할 일을 시작 전과 후에 비교할 수 있어야 하고, 자주 들춰보며 시간의 흐름을 확인해야 한다.

왜 계획을 세울 때 적어야 하는가?

할 일을 적을 때는 아침에 계획을 세우며 적어야 한다. 아침에 할 일을 적는 것은 그날 하루의 삶의 그려보며 주어진 삶에서 벗어나 미래를 자신이 원하는 모습으로 바꾸는 삶에 자신의 의지를 불어넣는 작업이기 때문이다. 일이 끝나고 적는 것은 과거를 바라보는 것이지 미래를 예측하는 작업이 아니다. 미래를 예측하지 못하고 과거만 바라보는 것은 반쪽짜리 시간 관리다. 할 일을 예상하며 적는다는 것은 아래와 같은 세 가지 이유에서 중요하다.

첫째는 잊지 않기 위함이다. 우리는 많은 것들을 놓치고 살아간다. 급한 일에 치이다 보면 중요한 일을 잊어버린다. 아무리 급한 일이 많아도 정말 중요한 할 일이 있다면, 잊지 말고 해야 한다. 그래서 매일 중요한 일 한 가지는 적어놓고 자주 보며 잊지 말아야 한다.

둘째, 뇌가 기억할 일을 줄이고 중요한 곳에 더 많은 에너지를 사용하기 위함이다. 아무리 작은 일이라도 할 일을 잊지 않고 계속 기억하려면 뇌는 상당한 부하를 받는다. 기억을 유지하는데에도 에너지가 소요된다. 하지만 글로 적으면 더 이상 기억할 필요가 없기 때문에 뇌의 에너지 소모를 줄여 여유를 주고, 아낀 에너지는 중요한 일에 써야 한다.

셋째, 언제 어떻게 할지 정하기 위함이다. 아침에 일어나 시간이 흐를수록 나태라는 친구가 찾아온다. 할 일을 적지 않으면 나태를 받아들이게 된다. 하지만 할 일을 적고, 하나씩 격파하듯 하면 휴식의 시간이 줄고, 할 일 순서에 따라 자연스럽게 다음 일로 넘어간다. 나태가 끼어들 틈을 줄이는 것이다. 그렇게 잠깐 시간을 내서 할 일을 적는 행동이 우리를 나태로부터 지켜준다.

시간 관리는 10분이면 충분하다

시간을 관리하겠다고 마음먹었다면, 가장 먼저 해야 할 일은 시간 사용 효율을 높이는 것이다. 같은 시간을 사용하더라도 어떻게 사용하는지에 따라서 효율은 몇 배 달라질 수 있다.

효율을 높이는 첫 번째는 아침에 있다. 눈을 떠서 하루 일을 시작하기 전까지의 시간을 어떻게 보내야 할지 생각해본다. 누구든 아침에 일어나자마자 바로 일을 시작하는 사람은 없을 것이다. 보통 일을 시작하기까지 두 시간 혹은 그 이상의 시간이 필요하다. 일하기 전까지 해야 하는 것은 오늘 하루를 예상해보는 작업을 한다. 아침 루틴을 하면서 하루를 예상하는 시간을 가지면, 별도로 시간을 내서 계획을 세울 필요가 없다.

예를 들어 아침에 씻는 시간이나 밥 먹는 시간에 오늘 해야 하는 중요한 일이 무엇인지 떠올려본다. 어떤 약속이 있는지, 급히 처리해야 할 일은 무엇인지, 하루가 어떻게 흘러갈지 예상해보는 것이다. 아침의 루틴 속에서 하루가 어떻게 흘러갈지 예상해보면, 일을 시작하기 전에 이미 하루의 모습을 대략 떠올릴 수 있다. 아침 루틴이 끝나고 일을 시작하면서 머릿속으로 떠올렸던 할 일을 노트에 빠르게 적는다. 아침에 이미 머릿속으로 그려봤기에 할 일을 적는 것이 그리 어렵지 않다. 10분이면 충분하다. 아니 5분이면 충분하다. 이미 생각한 것을 옮겨적는 것이기 때문이다.

굳이 예쁘고 좋은 다이어리에 적을 필요도 없다. 옆에 있는 포스트잇, A4용지에 적으면 된다. 포스트잇에 적어서 모니터 한쪽에 붙여놓고 틈틈이 보는 것도 좋고, 주머니에 넣고 다녀도 좋다. 사무실에서 일하는 사람이라면 A4용지 한쪽에 할 일을 적고, 스카치테이프로 책상에 붙여 마우스 패드 겸 메모장으로 쓰면 좋다. 오늘 할 일이 바로 보이고, 언제든 추가할 수 있으며, 또 갑자기 할 일이 생각나거나 다른 사람의 도움 요청도 바로 추가할 수 있다. 또 통화하며 메모할 때도 유용하다. 예쁘게 적을 필요도 없다. 악필이어도 괜찮다. 자신만 알아볼 수 있으면 되고, 빠르고 효율적이면 그만이다. 얼굴이 이쁘지 않아도 지금까지 잘 살아왔지 않은가? 할 일 정리하는 데까지 예뻐지려는 스트레스는 만들지 말자. 예쁜 것들은 가라!

중요한 일이 들어 있는가?

할 일을 적지 않고 머릿속에만 가지고 있으면 자연히 할 수 있는 일의 양보다 많은 계획을 세우게 된다. 그리고 저녁에 하루를 돌아보면 반드시 해야 하는 중요한 일을 놓쳤다는 걸 알게 된다. 그리곤 자신이 일도 제대로 못 하는 똥멍충이라는 생각이 들기도 한다. 우리는 똥멍충이가 아니다. 우리는 모두 엄청난 잠재력을 지닌 능력자다. 단지, 할 일을 적지 않아서 할 일을 정확히 보지 못해서 할 수 있는 일의 양보다 너무 많은 계획을 세울 뿐이다. 중요하지 않고, 내일로 미뤄도 될 일을 하느라 오늘 꼭 해야 하는 중요한 일을 놓칠 뿐이다.

할 일 리스트를 적은 후에는 다시 한번 점검해야 한다. 내일 해야 할 일을 굳이 오늘 하려고 하지는 않는지, 오늘 꼭 해야 하는 중요한 일이 있는데 리스트에서 빠지지는 않았는지 확인해 봐야 한다.

인생에 큰 변화를 가져오는 일 중에 급한 일은 거의 없다.

하지만 중요한 일인데, 지금은 급하지 않다고 미루면, 얼마 지나지 않아 목을 조여올 것이다. 오늘의 할 일 리스트에는 급하지 않지만, 인생에 중대한 영향을 주는 일이 반드시 하나는 있어야 한다.

 급하진 않더라도 중요한 일을 매일 쌓아가면, 언젠가는 미래의 내가 고맙다고 인사할 날이 올 것이다. 중요한 일에 최대한의 에너지를 쏟아 미래에게 힘을 실어주자. 그렇게 모아진 힘이 어느 시점에는 더 먼 곳으로 갈 수 있도록 밀어주어 삶의 방향이 바뀔 것이다. 미래의 어느 시점에 삶의 방향을 바꿀 일이 있다면 차곡차곡 쌓아가자. 미래의 자신의 모습의 힌트는 현재의 자신의 모습 속에 있다. 미래는 수많은 현재의 모음이다.

오늘 할 일 적어보기
- 오늘 할 일을 적어보고, 미래를 바꿀 중요한 일이 들어있는지 확인하기

3-2 시간에 대한 메타인지

메타인지, 사고의 지휘자

지인에게서 연락이 와서 고민 상담을 해준 적이 있다. 중요한 선택을 해야 한다며 어떻게 하면 좋을지 물어보셨다. 얘기를 듣다 보니 마음속에는 이미 결정하신 것 같아, 지금 고민하시는 일은 안 하시게 될 거라고 얘기 드렸다. 그랬더니 필자의 의견을 달라고 하셨다. 다시 말씀드렸다.

"이미 결정 하신 거 같으세요. 제가 뭐라고 얘기하던 결국 하지 않으실 겁니다."

그 분은 내 말의 의미를 이해하지 못하셨다. 필자가 무슨 말을 해도 귀에 안 들어오실 것 같아서 더 생각해보시라고 하며 전화를 끊었다.

며칠 후 그 분의 결정이 궁금해 전화를 드렸다. 그분은 결국, 그 일을 하지 않기로 하셨다고 했다. 우리가 문제에 직면했을 때, 보통은 일 초가 지나기도 전에 무의식적으로 선택을 내린다. 다만, 의식이 무의식적 선택을 받아들이기까지의 시간이 오래 걸릴 뿐이다. 짧게는 몇 분, 길게는 수일이 걸리기도 한다. 하지만 결과가 변하는 경우는 거의 없다. 처음에 내린 선택을 받아들인다. 시간이 걸리는 이유는 결정하기 위해서가 아닌, 의식이 무의식의 선택을 이해하기 위해 의식적 논리를 만들고, 검증 절차를 거쳐 선택을 받아들이는 과정일 뿐이다.

과거의 선택 중 오래 생각해서 내린 어려운 결정을 생각해 보자. 오래 고민했다고 생각하겠지만, 돌이켜보면 결국에는 처음 내린 선택과 같은 결정을 내렸을 것이다. 검증의 시간이 오래 걸렸을 뿐이다. 흔히 얘기하는 '딱 보면 알아.'는 말은 우스갯소리가 아니고 실제로 그렇다. 우리는 매 순간 들어오는 수많은 정보에 대해 반응하고, 받아들이고, 해석하며 행동한다.

이 과정에서 자신의 사고를 이해하고, 찰나의 순간에 경험 속 지식을 스캔하고 결론을 도출한다. 찰나의 짧은 시간에 결정을 내릴 수 있는 이유는 '메타인지' 덕분이다. 간단히 얘기하면 메타인지는 자신이 무엇을 알고 무엇을 알지 못하느지를 아는 능력이다. 이 능력은 크게 네 가지 영역으로 나눌 수 있다.

첫째로, 자기인식(Self-awareness)은 자신의 생각, 감정, 행동에 대한 이해를 의미한다. 우리는 자신이 현재 무엇을 생각하고 있는지, 어떤 감정을 느끼고 있는지를 인식함으로써 자기인식을 갖추게 된다. 이를 통해 우리는 자신의 강점과 약점을 파악하고 개선할 수 있다.

둘째로, 자기감시(Self-monitoring)는 자신의 행동을 지속해서 관찰하고 평가하는 능력을 의미한다. 자신의 행동이 목표에 부합하는지, 다른 사람들에게 어떤 영향을 미치는지를 감시함으로써 자기감시능력을 향상할 수 있다. 이를 통해 부적절한 행동을 수정하고 목표를 달성하기 위한 조치를 취할 수 있다.

셋째로, 자기조절(Self-regulation)은 자신의 감정과 행동을 효과적으로 조절하는 능력을 의미한다. 자신의 감정에 영향을 받지 않고 상황에 맞게 적절한 행동을 취함으로써 자기조절능력을 향상할 수 있다. 이를 통해 스트레스를 관리하고 어려운 상황에서도 침착하게 대처할 수 있다.

마지막으로, 자기효능감(Self-efficacy)은 자신의 능력에 대한 확신을 의미한다. 자신이 어떤 일을 할 수 있다고 믿음으로써 자기효능감을 향상시킬 수 있다. 이를 통해 도전적인 상황에도 자신감을 갖고 적극적으로 대응할 수 있다.

메타인지는 일상생활에서 적응하고 성공하는 데 필요한 핵심적인 능력이다. 메타인지가 높아야 자신의 사고과정을 이해하고 관리할 수 있고, 목표를 이루기 위해 더 나은 결정을 내릴 수 있다.

시간의 메타인지

시간은 우리의 가장 귀중한 자원 중 하나이다. 시간의 메타인지가 높은 사람은 하나의 일을 하는데 얼마의 시간이 소요되는지 알기에 시간 예측이 가능해진다. 오늘 주어진 시간 내 할 수 있는 일의 양을 알기에 양을 잘 조절한다. 오늘 못할 일은 내일로 계획할 수 있기에 조급함이 없다. 조급함이 없기에 지금의 일에 충분히 집중할 수 있다. 일이 많아도 여유롭고 시간을 즐긴다. 반대로 시간에 대한 메타인지가 낮은 사람은 모든 일이 급하고 중요하게 느껴진다. 모든 일을 지금 당장 빨리 처리해야 하기에 항상 바쁘다. 그러면서도 제대로 된 성과를 만들지 못한다. 쫓기며 일하니 집중도가 떨어지기 때문이다.

그렇다면 어떻게 시간에 대한 메타인지를 높일 수 있을까? 다음과 같은 방법을 통해 가능하다.

첫째, 하나의 일을 할 때 소요되는 시간을 정확하게 예측한다. 아침에 할 일 리스트를 적었다면, 이제 할 일 리스트 옆에 예상 시간을 적어보자. 예상 시간을 생각해보는 것만으로도 시간에 대한 메타인지는 자연히 높아진다.

둘째, 일을 시작하기 전에 예상 시간을 적고, 일이 끝나면 실제 걸린 시간과 비교한다. 일하기 전에 소요될 시간을 예상하고 일이 끝나고 비교해보면, 보통은 생각한 것보다 더 오랜 시간이 필요하다는 걸 알게 된다. 예상 시간을 1시간이라고 적어도, 막상 해보니 2시간이 걸리는 경우가 많다. 시간을 예상하지 않고 일해서 시간에 대한 메타인지가 낮기에 당연한 결과다. 시간에 대한 메타인지가 낮으면 시간을 예측하는 데 어려움을 겪는다. 예상 시간과 실제 시간을 매일 비교하는 습관을 들여 메타인지가 높아지면 점차 실제 시간과 비슷하게 예상 시간을 예측할 수 있게 된다. 그리고 시간을 좀 더 효율적으로 활용하게 된다.

셋째, 하나의 일에 집중해 계획한 시간에 맞추려고 노력한다.

일하다 보면 하나의 일이 끝나기도 전에 다른 일을 하는 자신을 발견하곤 한다. 처음 하던 일이 마무리가 안 된 상태로 다른 일을 하니 시간 예측은 틀릴 수밖에 없다. 당연히 예상한 시간을 넘어선다. 시간에 대한 메타인지를 따질 수도 없다. 하나의 일이 끝나기 전에 다른 일을 시작하면 에너지가 분산돼서 일을 하나씩 할 때보다 더 많은 시간이 들어간다. 사람은 기본적으로 멀티테스킹을 할 수 없다. 멀티테스킹이 불가능하다는 자료는 넘쳐난다. 자신이 멀티테스킹을 잘한다고 생각하는 것은 지구가 평평하다고 믿는 것과 같다.

그래서 하나의 일을 할 때 집중력을 분산시키지 말고, 현재의 일을 최우선으로 끝내는 것이 중요하다. 이미 집중력이 높아져 일의 속도가 빨라진 상태에서 굳이 다른 일로 집중력을 떨어뜨릴 필요가 없다. 갑자기 급한 일이 생겼을지라도, 할 일 리스트에 추가하고 지금 하던 일을 마무리 짓고 하는 게 더 효율적이다.

이렇게 시간을 예측하고, 실제 시간과 비교하고, 한 가지 일을 집중해서 하는 훈련을 계속하면, 시간에 대한 메타인지는 자연히 높아진다. 처음에는 예상한 시간과 큰 차이를 보일지라도 얼마 지나지 않아 예상한 시간과 실제 시간이 비슷해지는 경험을 한다. 덤으로 일 처리 속도가 빨라진 자신을 발견할 것이다.

시간 관리는 시간의 효율성을 높이는 데 있다. 불필요한 시간을 줄여 더 많은 여유와 자유를 누리게 한다. 많은 일을 하는 데 초점을 두는 것보다, 얼마나 더 여유롭게 살지에 초점을 맞춰야 한다. 그것이 우리가 시간을 관리하는 이유일 것이다.

> **오늘 할 일 적어보기**
> 오늘 할 일 옆에 예상 시간 적어보기

3-3 어떤 순서로 할 것인가

순서 정하기

아침에 일어나 오늘 할 일을 생각하고, 일을 시작하기 전에 할 일 리스트를 적고, 예상 시간도 적었다면 이제 일의 순서를 정할 차례다. 어떤 일을 먼저하고 나중에 할지 정해서 순서에 따라 번호를 매겨보자. 순서를 매길 때는 자신만의 원칙이 있어야 한다. 필자의 순서 매기는 원칙은 다음과 같다.

첫 번째 원칙은 5분에서 10분 안에 끝낼 수 있는 일들은 아침 첫 번째로 처리한다.

만약 아침에 해야 할 일이 총 14가지 할 일이 있다고 하자. 이 중 5분 안에 할 수 있는 일이 12가지, 30분 걸리는 일이 2가지가 있다면 어떤 식으로 일을 처리해야 할까? 5분 안에 할 수 있는 일을 먼저 처리하는 것이 좋다. 5분 안에 할 수 있는 일 12가지를 먼저 한다면 1시간 후에는 2가지의 일만 남는다. 반대로 30분 걸리는 일을 먼저 한다면, 1시간 후에도 할 일은 12가지가 남는다. 아무리 5분 안에 끝낼 수 있는 일이라고 해도 12가지의 할 일 리스트는 심리적 부담을 준다. 사람의 기억은 보통 7~8개를 기억할 수 있기 때문이다. 그 이상의 일이 있다면 정리가 힘들어진다. 뒤에서 설명하겠지만 할 일을 아침, 점심, 저녁 세 구간으로 나누는 것도 이 때문이다.

할 일을 정리하는 것은 방을 정리하는 것과 같다. 정리가 잘 된 방이 심리적 안정을 주고 일의 효율을 높여주는 것처럼, 할 일의 수를 줄이면 심리적 안정을 얻을 수 있고, 어떤 일에 집중해야 할지 쉽게 파악할 수 있다. 어떤 일이 남아 있는지도 알아보기 쉬워진다. 그래서 효율적 시간 관리가 가능하게 된다.

시간이 얼마 걸리지 않는 일을 먼저 해야 하는 또 다른 이유가 있다. 만약 할 일들이 다른 사람과 협업하는 일이라고 하자. 삼십 분 걸리는 일 2가지를 먼저 한다면, 1시간 후에 12명의 사람이 당신의 답변을 기다리고 있을 것이다. 반대로 5분 걸리는 일 12가지를 먼저 한다면, 1시간 후에는 단 2명이 당신의 답변을 기다릴 것이다. 짧은 시간에 할 수 있는 일을 처리하면 자신의 시간 관리를 넘어 다른 사람의 시간 관리에도 도움이 된다. 또한, 사람들이 당신을 일 처리가 빠른 사람이라고 평가할 것이다. 그래서 짧게 걸리는 일을 먼저 처리하는 것은 자신의 시간 관리를 넘어 다른 사람의 시간 관리에도 도움이 되고, 평판에도 도움이 된다.

두 번째 원칙은 오전에, 루틴에 속하는 일과 속도가 중요한 일을 처리한다.

보통 직장인이라면 매일 반복되는 일들이 있다. 필자의 경우 해외 영업을 하고 있어서 외국 바이어와 대부분 메일로 소통한다. 아침에 출근하면 밤사이 온 수십 개의 메일이 있다. 오전에는 그 메일을 먼저 처리한다. 물론 보고서를 작성한다든지, 다른 서류 작업을 만들어야 하는 일들도 있다. 이런 일은 오후로 넘긴다. 오전에 루틴에 해당하는 일을 처리하기 위해서이다. 메일에 답변하는 일은 필자의 루틴에 해당한다. 루틴에 속한 일을 오전에 처리해서 할 일 리스트를 줄여서 오후에 중요한 일을 할 때 최대의 집중력을 만들려고 한다. 첫 번째 원칙과 유사하게, 짧은 시간에 끝낼 수 있는 메일에 답변하는 일은 머릿속에 할 일 리스트를 줄여주는 데 도움이 된다.

개인마다 다르겠지만 필자는 오전에는 오후보다 속도감 있게 일을 처리할 수 있다. 그래서 속도가 중요하고 루틴에 속하는 메일 답변은 오전에, 깊은 생각과 창의성이 요구되는 중요한 일은 오후에 처리한다.

세 번째 원칙은 오후에는 집중해야 하는 일을 중요도 순서로 배정한다.

오후 할 일을 배정할 때는 중요도 순서로 배정한다. 점심을 먹고 에너지가 가장 높은 시간에는 오후에 할 일 중 가장 중요한 일을 먼저 한다. 예를 들어 사장님까지 올라가는 보고서를 만든다든지, 해외 고객을 위한 중요 마케팅 자료를 만드는 일이다. 그리고 이 시간에는 가능하면 다른 생각을 줄이고 최대한 많은 에너지를 쏟는다. 점심을 먹으며 충분한 에너지도 쌓았고 휴식도 했기에 중요한 일을 하기 최적의 시간이다. 오전에는 속도가 필요한 일을 했다면, 오후에는 고도의 집중력이 요구되는 일을 한다. 오후에 일하며 집중력을 계속해서 유지하기 위해서는 일정 시간마다 휴식을 취하는 것이 좋다. 필자는 삼십 분 또는 1시간 간격으로 환기 시간을 갖는다. 잠시 스트레칭을 하거나 일 분 정도 일어나 걷는 것만으로도 낮아진 집중력을 다시 높일 수 있다.

네 번째 원칙은 저녁 시간은 낮과는 다른 용도로 사용한다.

필자가 퇴근하고 집에 와서 밥을 먹고 나면 보통 9시가 된다. 이때부터는 미래를 위한 시간으로 사용한다. 아침부터 저녁까지는 현재를 위해서 살았다면, 9시 이후부터는 미래를 위해 사는 것이다. 밀린 일이 있다면 처리하기도 하지만, 주로 하는 일은 현재에는 급하지도 중요하지도 않더라도 미래에 영향을 주는 일 위주로 한다.

삶에 도움이 될 것 같은 강의를 듣는다든지, 삶의 지침이 되는 작가의 책을 읽는다든지, 생각을 글로 옮기는 등의 필자를 발전시킬 일들이다.

아니면 지금 하는 일과 다른 분야의 일을 하기도 한다. 강의를 한다거나 SNS를 하거나, 마케팅 관련 공부를 하는 등 현재의 주 업무와는 다소 거리가 있는 일을 한다. 현재와 거리가 있는 일을 하는 것은 자동차회사에서 컨셉카를 만드는 것과 같다. 컨셉카 제작에는 돈이 많이 들어가지만 판매하지는 않는다. 자동차 회사들은 컨셉카를 통해 수년 후의 자동차 모습을 예상해보거나, 새로운 아이디어를 얻거나, 새로운 컨셉의 부품과 디자인을 적용하여 회사의 미래를 그려보며 예측한다. 이처럼 저녁에 다른 일을 하는 것은 현재는 큰 쓸모가 없을 수 있으나 미래를 설계하고 바꾸는데 큰 역할을 할 일을 한다. 현재 시점에선 중요한 일이 아닐 수 있어서 미래 시점에서 바라보면 그 어떤 일보다 급하고 중요한 일이다.

아침, 낮, 저녁의 세구간으로 시간을 나눠서 각기 다른 일을 하는 것은 삶을 나눠보는 것과 같다. 급한 일, 중요한 일 그리고 미래를 위한 시간을 마련하는 것이다. 구간을 나눠 시간을 사용하면 삶의 효율을 극대화할 수 있고, 현재를 넘어 미래를 여는 시간 관리를 할 수 있다.

> **오늘 할 일 적어보기**
> - 할 일 리스트 옆에 아침, 낮, 저녁 중 어느 구간에 할지 적어보자.
> - 오늘 할 일의 순서를 정해보자.

3-4 중요한 일을 하고 있는가?

시간과 감정은 정말 소중한 자원이다

얼마 전 A라는 지인이 상담을 요청했다. 수년간 알고 지낸 사람이 자신을 모함하고 다녀서 힘들다고 했다. 어떻게 해야 할지 생각하느라 다른 일이 손에 잡히지 않는다고 했다.

그런 사람은 언제든 문제가 될 사람이기에 이번 기회에 관계를 끊으라고 얘기 드렸다. 하지만 그분은 수일 동안 앞으로 관계는 어떻게 해야 할지 생각하느라 다른 일은 하지도 못했고, 꼭 해야 할 일 마저 놓치고 있었다. 그렇게 한참이 지나 다시 연락이 왔다. 결국, 관계를 끊기로 결정했단다. 그리고 다시 몇 개월이 흐른 후에야 감정을 추스르고 관계를 끊었다. 그동안 그분이 하던 일은 큰 타격을 입었다.

우리는 하루에 얼마나 많은 생각을 할까? 연구자마다 의견이 다르기는 하지만, 대부분 하루에 사만 가지에서 육만 가지 생각을 한다고 한다. 오만가지 생각을 한다는 말이 그냥 생긴 말이 아닌가 보다. 우리는 이처럼 하루에 수만 가지 생각을 하지만 정작 중요한 생각은 놓치는 경우가 많다. 일도 그렇다. 하루에 수많은 일을 하지만 정작 중요한 일은 놓치는 경우가 많다. 그리 중요하지 않은 일에 매여 정작 중요한 일을 할 시간마저도 없다.

  A라는 분에게 자신을 모함한 사람과 앞으로의 관계를 생각하는 게 과연 얼마나 중요할까? 수일 동안 중요한 일을 놓칠 정도로 중요했을까? 자신을 모함한 사람과의 관계를 정리하는데 해야 할 일을 제대로 못 할 만큼 중요할까? 자신을 모함한 사람이 나쁘다고 생각한다면 그 사람과의 관계를 생각하느라 들어간 시간도 아깝다. 물론 사람의 감정이 마음대로 되는 것은 아니지만, 자신은 그러고 싶지 않다고 그럴 수밖에 없다고 할지라도 최대한 시간을 아껴야 한다. 나쁜 사람에게는 화를 내는 시간마저도 아깝고, 생각하는 시간마저도 아깝다. 차라리 그 시간에 나를 소중하게 생각해주는 사람, 내가 소중하게 생각하는 사람에게 더 많은 시간을 쏟아야 한다.
  우리는 소중한 사람에게 쓸 시간마저 빚을 내어 나를 깎아내리는 사람에게 쓰곤 한다. 주위에 인생을 어떻게 해서든 끌어내리려는 사람이 있다면, 그 사람에게는 관심을 두지 말자. 그런 사람에 대해 생각하는 일분일초마저도 아깝다. 나의 소중한 시간과 감정을 조금도 허비해선 안 된다. 시간과 감정은 그 가치를 받을만한 소중한 이에게 몰아주어야 한다.

 소중한 관계란 못하는 것을 고쳐주는 게 아니라 잘하는 것을 더 잘하도록 힘이 되는 관계이며, 의지하는 관계가 아닌 혼자 설 수 있게 짚을 곳이 되어주는 관계이며, 같은 곳을 보는 관계가 아닌 서로 다른 곳을 봐도 안정이 되는 관계이며, 함께하는 관계가 아닌 혼자일 때도 든든한 관계이다.

 우리가 중요하다고 여기는 일 중에 상당수는 나중에 돌이켜 보면 중요하지 않은 일이다. 자신의 인생에 별 도움도 안 되는 사람과의 상황에 휘말려 시간을 낭비하는 때도 많다. 단지 상황 속에 있기에 중요해 보일 뿐이다. 중요하지 않은 일이 중요해 보이는 이유는 감정 때문이다. 별것 아닌 상황도 감정이라는 옷을 입고 다가오면 정신을 홀려 중요한 것처럼 보이는 착각을 일으킨다. A씨가 자신을 모함한 사람에게 많은 시간을 빼앗긴 이유는 상대가 아픔이라는 감정의 옷을 입고 다가왔기 때문이다. 아픔이라는 감정을 벗겨놓고 보면, 모함한 사람은 삶에서 최대한 빨리 그리고 반드시 지워야 하는 사람이라는 사실만 남는다. 너무 가까이서 보면 모든 것이 흐릿해 보이듯 삶의 상황에 깊숙이 들어가 있으면 중요한 것이 무엇인지 잘 보이지 않기 마련이다. 무례한 사람에게 시간과 감정을 쏟는 건 인생의 가장 소중한 보물을 쓰레기통에 버리는 것과 같다. 자신이 소중하다면 자신의 시간과 감정도 소중하게 써야 한다. 아무에게나 함부로 쓰면 안 된다. 시작할 때도 그리고 끝날 때도 마찬가지다.

하루에 중요한 일을 몇 가지나 할 수 있을까?

급한 일은 대게 중요해 보인다. 상황 안에 있을 때는 그래 보일 수 있다. 하지만 한 발만 떨어져서 보면 급한 일 대부분은 중요한 일이 아니다. 지난 한 달 동안 한 일을 돌이켜 보자. 매일 수많은 일이 있었을 것이다. 그중 기억나는 일이 얼마나 될까? 그리고 기억하는 일 중 중요한 일은 몇 가지나 될까? 아마도 기억나는 일이 그리 많지 않을 것이다. 그리고 기억나는 일 중에서 중요한 일은 정말 몇 가지 되지 않을 것이다. 우리는 한 달만 지나도 기억나지 않은 일을 하느라 시간 대부분을 소비한다. 내일이 되면 잊힐 일을 하느라 정작 중요한 일을 할 시간도 없다.

중요한 일이란 자신이 있어야 하는 위치에서 전문가가 되게 하는 일이며, 더 많은 자유를 가질 수 있게 하는 일이며, 행복의 양과 질을 키워주는 일이며, 소중한 것이 더 빛날 수 있게 하는 일이며, 자신을 더 자신답게 만들어주는 일이며, 나로 인해 세상이 조금이라도 더 밝아지게 하는 일이다.

단 하나의 중요한 일에 형광펜을

오늘 할 일 리스트를 다시 보면서 자신의 인생에 중대한 영향을 미칠 일을 찾아보자. 처음에는 모두 중요해 보일 수 있다. 하지만 자세히 들여다보면 인생에 중대한 영향을 미치는 일은 몇 가지 되지 않는다.

인생에 큰 영향을 미치는 일은 대부분 장기 프로젝트이다. 그래서 오늘 하던 내일 하던 큰 차이가 있어 보이지 않는다. 하지만 그런 일이 오늘 꼭 해야 하는 바로 그 일이다. 꾸준함 없이 얻을 수 있는 성공은 존재하지 않는다. 꾸준함이란 내일부터가 아니다. 꾸준함은 오늘이 빠지면 안 되고, 지금부터 단 하루도 빠지면 안 된다. 중요해 보이지만, 수개월 후에나 성과가 나올 것 같아서 망설이는 일이 있다면 그 일이 바로 오늘부터 시작해야 하는 일이다. 특출함은 재능에서 나오는 것이 아니라 지금 시작하는 행동에서 비롯해 지치지 않는 인내로 성장하며 넘어져도 다시 일어나는 굳건함을 통해 발현된다. 노력은 계단을 오르는 것과 같아서 오르면서는 숨이 찬 것 외에 느껴지는 게 없다. 하지만 한참을 올라 숨을 고르며 뒤를 돌아보면 비로소 자신이 얼마나 높이 올라왔는지 알 수 있다. 지금 숨이 차다면 자신이 잘 오르고 있다는 증거다.

할 일 리스트 중에서 중요한 일 한두 가지를 찾아 형광펜을 칠해보자. 형광펜을 칠하는 이유는 중요한 일을 잊지 않고 반드시 해내겠다는 의지의 표현이다. 그리고 온종일 마음에 담아두기 위해서다. 바로 그 일을 하지 않아도 마음에 담아둠으로써 일하지 않는 동안도 에너지를 모으기 위해서다. 형광펜으로 색을 칠해놓으면 할 일 리스트를 볼 때마다 자연히 눈길이 간다. 눈길이 가면 무의식 중에도 자극이 된다. 그리고 무의식은 답을 찾기 위해 기억 속 해답을 찾기 시작한다.

중요한 일을 할 시간이 되면 오늘의 에너지 중 최대한의 에너지를 쏟아야 한다. 에너지를 많이 쏟기 위해서는 몰입이 필수적이다. 몰입이 쉽지는 않다. 몰입을 유지하기 위해선 목표를 명확히 인식할 필요가 있다. 내가 왜 이 일을 하고 있는지, 이 일이 내 인생에 어떤 영향을 미칠지 생각하고 있어야 한다. 이런 생각이 동기부여가 되고 몰입할 수 있도록 도와준다.

> **오늘 할 일 적어보기**
> - 오늘 할 일의 중요한 일 한두 가지에 형광펜을 칠해보자.

3-5 슬시생 다이어리를 소개합니다

포스트잇 한 장이면 충분하다

3장에는 실제로 할 일 관리를 적는 방법을 알아봤다. 필자는 앞에서 얘기한 내용을 바탕으로 슬시생(슬기로운 시간 관리 생활) 메모지 양식과 다이어리를 만들어 사용하고 있다. 아래의 QR코드를 스캔하면 떡메모지 양식을 다운받을 수 있다. 또 슬시생 한 달 다이어리를 구매해서 사용할 수도 있다. 이 양식을 사용하거나 한 달 다이어리를 구매해 적어보길 바란다. 막상 사용해보면 아주 간단하지만 매우 강력하고 효율적인 양식이라는 것을 알 수 있을 것이다. 그리고 앞서 얘기한 예상 시간 적기, 구간 나누기, 시간의 메타인지, 중요한 일정하기 등의 내용이 모두 담겨 있다.

〈떡메모지 양식 다운로드 QR코드〉　〈다이어리 구매 QR코드〉

슬시생 다이어리 구성

① 매일 아침 할 일을 적습니다.
② 예상 시간을 적어보세요.
③ 아침(12시 이전), 낮(12~오후 6시), 저녁 (6시 이후)의 3구간으로 나눠 구간 시간이 끝날 때, 할 일을 했는지 체크합니다.
④ 할 일의 순서를 정해보세요.
⑤ 실제 소요된 시간을 적어보세요. 예상 시간과 얼마나 다른지, 왜 다른지 생각해 보세요. 다음번 예상 시간을 적을 때는 좀 더 정확한 시간을 적으려 해보세요.
⑥ 가장 중요한 일 1~2가지에 형광펜을 칠해보세요.

슬시생 다이어리를 매일 사용하면 아래와 같은 효과를 얻을 수 있다.

'슬기로운 시간 관리 생활' 다이어리가 주는 열매

1. 중요한 일을 파악할 수 있다.
2. 일의 순서를 정하여 시간을 효율적으로 사용할 수 있다.
3. 일하는 데 필요한 시간을 정확하게 계산할 수 있다.
4. 그날 해야 할 일의 진척 정도를 알 수 있다.
5. 할 일을 미루는 습관을 줄일 수 있다.
6. 오늘 한 일을 체크하며 성취감을 느낄 수 있다.

"승자는 시간을 관리하며 살고 패자는 시간에 끌려 산다."

J. 하비스가 한 말이다. 슬시생 다이어리가 인생이라는 경기에서 승자가 되도록 도와줄 것이다.

> **오늘 할 일 적어보기**
> - 슬시생 양식을 다운받아 사용해보기
> - 슬시생 다이어리 구매해서 사용해보기

3-6 시간의 복리 법칙

돌아보고 내일을 준비하기

이런 상상을 해보자. 매일 아침에 일어나 하루를 예상하는 내가 있다. 아침에 일어나면 아침 루틴을 시작하며 하루 할 일을 생각한다. 본격적으로 하루 일을 시작하면서 10분간 글로 옮기는 작업을 한다. 정오가 되면 오전에 해야 할 일을 다 했는지 확인한다. 그리고 다시 오후를 준비한다. 그렇게 바쁜 오후를 보내고 저녁이 되면 오후에 할 일을 다 했는지 확인한다. 그리고 저녁에 할 일을 다시 확인한다. 이제 미래를 위한 일을 하는 저녁 시간을 보낸다. 어느새 밤이 되어 잘 시간이 되었다. 오늘 하루를 돌아보며 오늘 한 일을 확인한다. 하루를 마감하며, 성공적인 오늘 하루를 짧게 글로 정리한다. 잠들기 전 내일 할 일 몇 가지를 적는다.

일단 시작부터 할 것

이 얼마나 이상적인 모습인가? 알지만 매일 이렇게 생활하는 게 쉬운 일은 아니다. 우선 매일 할 일이 너무 많고, 할 일을 적고 관리하는 게 익숙하지 않다. 다이어리 쓰는 것도, 투두리스트를 쓰거나 시간 관리를 해보기도 하지만 자신에게 맞지 않는 모습 같아 얼마 지나지 않아 포기하고 만다.

만약 이런 일을 아주 간단하고 쉽게 할 방법이 있다면 어떨까? 슬시생 (슬기로운 시간 관리 생활) 다이어리는 할 일을 체계적으로 관리할 수 있도록 도와준다. 그러면서도 결코 어렵거나 많은 시간이 필요하지 않다. 하루 할 일을 적는데 단 10분이면 충분하다. 하지만 10분이라는 짧은 시간만으로 하루를 계획하고 정리하고 돌아보는 데 충분하다. 아주 단순하면서도 강력한 다이어리다.

우리 모두가 느끼듯이 좋은 습관을 만들기는 쉽지 않다. 그래서 더 쉬워야 하고 더 짧은 시간 안에 할 수 있어야 한다. 나쁜 습관이 아무리 나쁘더라도 쉽게 스미는 것처럼 말이다. 좋은 습관을 만드는 첫 번째 방법은 시작하는 것이다. 하루 10분, 자신에게 투자할 준비가 되었다면 슬시생 다이어리를 써보길 권한다.

절대 멈추지 말 것

'투자의 귀재', '주식투자의 신', '오마하의 현인'이라고 불리는 '버크셔 해서웨이'의 회장인 '워런 버핏'의 순재산은 820억 달러 한국 돈으로 92조 정도에 이른다. 그는 항상 복리의 중요성을 강조해왔다. 10살 때부터 1,000달러를 모으는 방법에 관한 책을 읽고 시간의 중요성을 인지했다. 1,000달러가 10%를 벌면 5년 뒤에는 1600달러가 된다. 10년 뒤에는 2600달러, 25년 뒤에는 1만 800달러, 50년 뒤에는 약 11만 7400달러가 된다. 복리의 중요성을 알려주듯 워런 버핏의 재산 약 90%를 65세가 넘어서 일군 것이었다. 워런 버핏은 말한다. "얼마나 많이 버느냐보다 얼마나 오래 버느냐가 중요하다. Our favorite holding period is forever."

복리의 힘은 위대하다. 그리고 복리는 단순히 돈에만 적용되는 게 아니다. 시간 관리와 습관 등 모든 투자에 적용된다. 무언가를 꾸준히 한다면 그것이 무엇이든 복리의 마법을 볼 수 있다. 문제는 얼마나 지속할 수 있는가이다. 아무리 좋은 습관이라도 지속하지 못하면 큰 의미가 없다.

처음에는 잘하고 있는지 의심도 들고, 어떤 효과가 있는지 알 수 없을 수 있다. 변화가 눈에 보이지 않기 때문이다. 하지만 오랫동안 지속하면 복리의 마법이 적용된다. 습관이 루틴으로 자리 잡아 자연스러워지면 삶이 조금씩 변하기 시작한다. 중요한 것은 그 어떤 유혹에도 절대 멈추지 않아야 한다는 점이다. 때론 예상치 못한 변수로 하루는 쉴 수 있다. 하지만 이틀 이상 넘어가면 안 된다. 처음 시작하는 모든 일은 불편하고, 불편함이 적응되기 전에는 항상 편함으로 돌아가고 싶어진다. 그리고 마음속에서 이런 말이 들려온다. '언제든 다시 할 수 있어. 딱 오늘만 쉬자' 이 말에 속으면 99%의 확률로 새로운 습관 만들기는 실패한다. 다음날에는 더 큰 목소리로 들려오기 때문이다. 그리고 더 좋은 핑곗거리가 생긴다. 불편함이 편함으로 바뀌기 전까지는 불편함에 적응해야 하므로 이틀 이상 빠지면 안 된다. 관성을 이기는 건 또 다른 관성밖에 없다. 습관을 바꾸고 싶다면 어떻게 해서든 다른 습관을 만들어야 한다.

지겨운 반복, 그래도 1년은 해야 한다

새로운 일에 적응하기 위해서는 최소한의 시간이 필요하다. 익숙해지고 자연스러워지는 시간이다. 자연스럽다는 것은 단순히 30일 66일 습관을 지속한다고 될 수 있는 그런 차원이 아니다. 자연스럽다는 말은 거침이 없다는 뜻이다. 몸에 배어 나와 내 것이 된다는 의미다. 그러기 위해서는 생각보다 더 오랜 시간이 필요하다. 새로운 일을 시작했다면 딱 1년은 해보자. 분명 얼마 지나지 않아 나태가 찾아올 것이다. 성공으로 가는 길은 의미가 만들어주지만, 나태는 그 길을 지워버린다. 나태로 지워진 길을 다시 찾기 위해서는 시작할 때의 의미를 다시 불러와야 한다. 그리고 나태가 지운 길을 다시 그려야 한다. 지워진 길을 몇 번이라도 다시 그린 후에야 거침없는 자연스러움이 찾아온다. 지금 가는 길이 보이지 않는다면, 처음 이 일을 시작할 때의 마음을 떠올려보자. 왜 시작했는지 떠올려보고, 그 의미가 사라지지 않았다면, 나태를 이겨내야 한다. 시작할 때 원했던 모습을 생각하며 다시 한번 앞으로 나아가자.

삶을 바꾸려면 시간을 투자해야 한다. 모두가 공평하게 가지고 있는 것, 시간은 우리 모두가 가질 수 있는 가장 큰 자산이다. 아무것도 없는 이도 많은 것을 가진 이도 시간은 공평하게 가지고 있다. 시간을 무기삼아 딱 1년만 투자해보자.

당신이 투자하든 하지 않든 1년이란 시간은 어차피 흘러간다. 그리고 대부분의 시간은 별로 중요하지 않은 일을 하는데 쓰여진다. 버려지는 시간을 모으면 삶을 바꿀 수 있다.

> **오늘 할 일 적어보기**
> - 오늘부터 하루 10분씩 슬시생 다이어리를 1년간 써보기

☑ 3장 오늘 할 일 적어보기

1. 오늘 할 일을 적어보고, 미래를 바꿀 중요한 일이 들어있는지 확인하기.
2. 오늘 할 일 옆에 예상 시간 적어보기.
3. 할 일 리스트 옆에 아침, 낮, 저녁 중 어느 구간에 할지 적어보자.
4. 오늘 할 일의 순서를 정해보자.
5. 오늘 할 일의 중요한 일 한두 가지에 형광펜을 칠해보자.
6. 슬시생 양식을 다운받아 사용해보기.
7. 슬시생 다이어리 구매해서 사용해보기.
8. 오늘부터 하루 10분씩 슬시생 다이어리를 1년간 써보기

2부
시간을 사는 사람들

4장
시간의 속도가 변하다

4-1 온전한 나의 시간을 찾다 | 유효실 ············ 166

4-2 포스트잇 한 장이 주는 행복 | 남은주 ········ 172

4-3 시작하는 순간 반은 하고 있다 | 정일연 ······ 178

4-4 늘 실패했던 시간 관리 | 최지연 ·············· 183

4-5 하루를 결정하는 아침 5분의 시간 | 이은영 ·· 188

4-6 균형은 찾고, 혼란은 잠재우고 | 임윤정 ······ 195

4-7 나, 오늘 왜 바빴지? | 남은주 ················ 201

4-8 잠시만 | 조영미 ····························· 207

4-9 게으른 완벽주의자의 시간 관리 | 최지연 ····· 211

4-1 온전한 나의 시간을 찾다 | 유효실

오랜만에 친구를 만났다. 자주 연락하고 지내는 사이인데도 불구하고 우리는 늘 서로의 안부를 물었다. "요즘 어때? 활기 있어 보인다." 활기 있어 보인다는 친구의 말에 나도 모르게 입 꼬리가 올라갔다. 향이 과하지 않고 달달한 커피 한 모금을 마시며 요즘 내가 무엇을 하며 지냈는지 생각했다. 이전보다 더 활기 있게 만들어준 그 일을 생각하며 창밖을 바라보는 친구의 얼굴을 가만히 살폈다. 나와 비슷한 친구. 사는 것도, 좋아하는 것도, 아이를 바라보는 마음도 결이 맞아 늘 의지가 되는 친구다. '지난달 이 친구를 만났을 때의 내 모습과 지금 내 모습을 비교하며 무엇이 달라졌을까?' 한 달 전 상황들을 되짚어 봤다.

'날마다 똑같은 일상. 지금 이대로 지내는 것이 잘살고 있는 것일까? 이렇게 마냥 시간을 다 흘려보내도 되는가!' 하는 생각을 했다. 아무것도 하고 싶은 것이 없고, 내가 무엇을 더

할 수 있을지 알 수 없어서 답답한 시간들이 꽤 길었다. 그러다 허필선 작가의 시간 관리 프로그램인 '슬기로운 시간관리 생활'의 모집 글을 보았다. 늘 정해진 루틴처럼 직장과 퇴근 후의 육아라는 일상을 살다가 이거다 싶었다. '그래! 이거라도 해보자. 그러다 보면 무엇을 하고 싶은지 찾을 수 있겠지.'라는 막연한 기대감이 생겼다. 시키는 일은 차근차근 해내가는 나를 믿고 프로그램이 운영되는 동안 성실하게 잘해보자고 마음먹었다. 새로운 스타트는 나에게 '희망'이라는 선물을 주었다.

첫 주의 과제는 포스트잇에 그날의 할 일을 생각나는 대로 쭉 쓰고, 그 하나하나에 순서를 적는 것이었다. 평상시 아이들과 함께 그날의 할 일을 쓰는 노트가 있었다. 바로 '투두리스트' 노트인데, 아이들이 스스로 할 일을 적고, 일을 끝낸 수만큼 스티커를 받는 이른바 '스스로 학습'을 유도하기 위한 것이다. 엄마인 내가 모범을 보이고 싶어 2023년 4월부터 아이들과 함께 꾸준히 사용하고 있었다. 나는 이 노트를 더 적극적으로 활용하기로 하고, 그날의 할 일을 써 내려갔다. 일의 시급함과 중요도는 생각하지 않았다. 그냥 생각나는 대로 썼다. 할 일을 생각나는 대로 쓰자, 예상했던 것과 다른 것이 보였다. 잊고 있던 것과 놓치고 있던 게 뭐였는지 보이기도 했다. 그리고 타인의 시선으로 봤을 때 '나의 일'보다 주변의 일에 에너지를 거의 쓴다는 생각이 들었다. '하루에 내가 이렇게나 많은 일을 하고 있었구나! 그동안 정신이 없기도 없었겠다.'라는 마음이 들어 스스로에게 애잔한 마음도 들었다. 새로 시작한 '슬기로운 시간관리 생활'에서 링크해 준 파일을 프린트하여 할 일을 모두 적은 후 순서를 정했다. 며칠을 이렇게 할 일과 순서를 적고, 그 일을 마치면 빨간 펜으로 줄을 그었다. 종이에 그어지는 약간의 까칠까칠한 느낌이 좋았다. 그리고 포스트잇에 적은 시간 관리는 내가 하고 싶었던 일이 있을지라도 당장 눈앞의 일을 해결하느라 잊어버린 아쉬움을 줄여주었다. 할 일 노트에 적었던 일들을 보며 끝내려고 정성을 들이니 하루 중 허투루 사용하는 시간이 눈에 띄게 줄었다.

  허필선 작가는 이러한 일들이 조금 잡히니 이번에는 그 일을 완수하는데 필요한 예상 시간을 적으라고 하셨다. 나는 계획한 시간만큼 타이머를 맞추고 실행했다. 막상 해보니 어떤 일은 예상했던 시간보다 훨씬 빨리 마칠 수 있었고, 반대로 어떤 일은 그보다 더 많은 시간이 필요할 때도 있었다. 이는 평상시에 내가 일 하나를 완수하는 동안 얼마만큼의 시간이 필요한지 잘 모르고 있었다는 의미였다. 또한, 타이머를 맞추고 일하니 잡다한 생각이 들어도 해야 하는 일에 더욱 집중할 수 있었다.

  전에는 필요한 시간을 적지 않고, 타이머를 맞추지 않았다. 생각해보면 일에 집중하지 않고, 질질 끌고 있을 때가 많았던 것 같다. 일하다가도 무의미하게 핸드폰을 보거나 SNS를 하다 보면 한 시간이 훌쩍 흐르곤 했다. 그런데 예상 시간을 적고 타이머를 맞추고 정해놓은 시간 안에 끝내려고 애를 쓰니, 많은 일을 적었는데도 생각보다 일찍 끝났다. 이렇게 시간관리를 하니 어떠한 일 하나를 끝내는 데 그리 많은 시간이 필요하지 않았다. 시간 관리하며 보상으로 받은 시간에는 내가 원하는 일을 할 수 있었다. 한가히 커피를 마시고, 지인들과 통화도 하고, 아이들과 놀기도 했다. 또한 머릿속에서 복잡하게 얽혀있던 일들이 점점 맑게 풀렸다. 머릿속의 작업을 내 노트가 대신 해주니 말이다.

  프로그램의 마지막 과제는 그날 꼭 해야 할 중요한 일에 형광펜으로 칠하는 것이었다. 그 일은 그날 반드시 해야 하고, 만일 그날 못하면 주말 시간을 이용하더라도 반드시 마쳐야 한다고 했다. 내가 중요하다고 생각했던 여러 가지에 형광펜을 칠했는데 작가님은 개수를 더 줄이라고 했다. 난 많이 중요한데 말이다. 처음 시작은 5개였던 형광색이 점차로 줄더니 나중에는 딱 2~3개로 줄었다. 이 때는 '나의 일'에만 칠했다.

내가 지금 하고 싶은 일, 나의 미래와 관련된 것인 오직 나를 위한 것들이었다. 이렇게 하루의 할 일을 하다 보니 처음 이 프로젝트를 시작했을 때 20개 가까이 있던 일들이 현재는 훨씬 줄었다. 그 많은 일을 굳이 내가 다 하지 않아도 되었고, 내게 그리 중요하지 않은 일이었는지도 모른다. 또한, 하루 24시간 동안 내가 주인이 되는 중요한 일을 하기 위해서는 다른 무언가를 포기해야 하는 귀한 배움도 얻었다.

 처음 이 시간 관리 프로그램을 시작했을 때는 하루에 할 일이 너무 많았다. 그러나 하루를 시작하기 전에 생각나는 대로 적고, 순서를 정하며 중요한 일에 형광펜을 칠하다 보니, 그동안 몸과 마음은 바빴지만 성과가 없었던 이유를 알 수 있었다. 불필요한 많은 일을 중요한 일로 여기며 거기에 얽매여 있었다는 것도 깨달았다. 머릿속은 할 일들로 뒤죽박죽이었고, 그 누구에게도 도움을 받지 못한다고 느끼며 동동거리는 일상이었다. 돌아보니 주변의 일을 먼저 처리하느라 나를 위한 일, 내가 하고 싶은 일이 자꾸 뒤로 밀리거나 잊혔다.

 투두리스트를 써보니 다음에 어떤 일을 해야 하는지 보였다. 머릿속에만 있어서 정리가 잘 안 되던 일과 생각으로만 끝나는 일을 하나씩 적어보니 오늘 할 일이 보이고, 이 일로 연결된 다음 날 할 일이 보였다. 그렇게 연결되는 게 눈에 보이니까 막연하게만 느껴지던 나에 대한 방향이 조금 보이기 시작했다. 방향이 보이니 자연스럽게 새로운 한 해의 계획도 세울 수 있었다. 지난 한 일들을 보니 어떤 연결점이 보였다. 계획은 그런가 보다. 막연하게 내가 무엇을 하고 싶지도 않고, 무엇을 해야 할지도 모를 때 어떤 방향을 정해 주는 것! 불명확했던 게 명확하게 보이면 그게 계획이 되며, 그 계획대로 걸어갈 때 한걸음 성장할 수 있다.

또한 이번 시간 관리 프로그램에 참여해 보니 온전한 나의 시간에 집중하기 위해서는 나의 마음 밭을 잘 관리해야 한다는 것도 깨달았다. 전에는 그냥 잘하고 있다고, 열심히 지내고 있다고 생각만 했었는데 슬시생 다이어리 프로젝트에 참여하면서 내가 어디로 흘러가고 있는지 느낄 수 있는 계기가 되었다. 이러저러함을 다 두고라도 내가 쉴 수 있는 시간이 있어 좋고, 그 시간에 내가 하고 싶은 일을 꿈을 꾸고 그릴 수 있어 마냥 좋았다. 이제 내게 주어진 24시간의 시간을 온전한 나의 시간으로 채울 수 있는 용기가 생겨 이 시간이 참으로 소중하고 감사했다.

4-2 포스트잇 한 장이 주는 행복 | 남은주

"앗, 8시다!"

눈을 뜨고 시간을 확인하는 순간 머뭇거릴 사이 없이 벌떡 일어나 욕실로 달려갔다. 외출 전까지 내게 허락된 시간은 삼십 분이다. 욕실 벽에 걸린 시계를 연신 확인하며 헐레벌떡 머리를 감고 샤워를 했다. 머리에 수건을 두르고 나와서 아들 방 앞으로 달려가 노크를 했는데 답이 없다. 다시 한번 노크하며 이름을 불러 깨웠다. 아이에게 얼른 씻으라 하고 내 방으로 가서 스킨, 로션을 바르고 선크림까지 바르면 내 얼굴 단장은 끝이다. 아이가 외출준비를 하는 동안 아들이 먹을 아침상을 차렸다. 분주하게 움직여 상차림을 마칠 즈음 아들이 욕실에서 나왔다. 나는 마음이 급한데 아들은 여유만만이었다. 목까지 차오르는 화를 꾹꾹 참으며 아이를 재촉했다. 9시 25분이 되어 집을 나섰다. 9시 45분에 시작하는 주일 2부 예배에 여유롭게 도착하기 위해서다. 이렇게 아들과 함께 교회에 가서 예배드리고 오는 것이 일요일 아침의 루틴이다.

예배를 마친 후에는 상황에 따라 일정을 이어간다. 약속이 있어서 외출하지 않는 이상 집 밖으로 나가는 일은 거의 없다. 마트에 가거나 엄마와 저녁을 먹으러 나갈 때도 있지만 집콕이 대부분이다. 지난 일요일에 있었던 일이다.

예배를 마치고 아르바이트 가는 아들을 중간에 내려주고 집에 왔다. 아침에 물 한 컵 마신 게 전부인데 입맛이 없어서 방으로 와서 누웠다. 누우니 자연스레 손은 핸드폰을 찾아 가방을 뒤졌다. 이건 뭐 무조건 반사적인 행동이다. 전에는 뉴스를 검색하고 댓글 다는 것을 주로 했지만, 이제는 만인의 연인인 유튜브 보는 것으로 시간을 보낸다. 똑똑한 유튜브는 내가 원하는 것을 어떻게 그리도 잘 찾아주는지 기특하다. 유튜브 쇼츠 영상은 시간 킬러다. 1분 이내의 짧은 영상으로 지루할 틈이 없다. 한두 시간이 훌쩍 지나는 건 일도 아니다.

이렇게 집에 있는 날에는 유튜브를 보다가 잠들고 깨면 다시 유튜브 보는 것을 반복한다. 중간에 배가 고파서 밥을 먹을 때도 식탁 위에 핸드폰을 세우고 유튜브를 본다. 밥을 먹고 나면 다시 핸드폰을 들고 침대에 누워 유튜브를 보다 잠이 든다. 이렇게 무한 반복하다 보면 어느덧 해가 뉘엿뉘엿 기울어 하루가 지나간다. 의미 없이 하루를 보냈다는 죄책감과 함께 후회가 쓰나미처럼 밀려오지만 돌이킬 수 없다.

여느 주말과 마찬가지로 유튜브를 신나게 보다가 문득 시계를 보았는데 오후 세 시가 넘었다. 벌써 몇 시간째 유튜브와 씨름하는 내가 한심하고 싫었다. 다른 날 같았으면 후회하면서도 멈출 수가 없었는데 그날은 뭔가 달랐다. 알 수 없는 그 무엇에 이끌려 자리를 털고 일어났다. 뭐라도 해야겠다는 생각이 마음속에서 뿜뿜 올라왔다. 이것저것 할 일이 생각났다. 갑자기 마음이 바빠져서 어떤 것부터 해야 할지 갈팡질팡이었다. 안 되겠다 싶어서 '슬기로운 시간관리 생활' 포스트잇 형식의 메모지에 생각나는 대로 할 일을 적었다. 적은 것 중에서 가장 중요하다고 생각되는 '독서'에 형광펜을 칠했다. 한 달 넘게 이렇게 시간 관리한 것이 습관이 되어 나도 모르게 메모지를 찾아 적는 것을 보고 깜짝 놀랐다. 할 일을 적은 메모지를 눈에 잘 띄는 독서대에 떡하니 붙였다.

제일 먼저 하루 분량의 성경을 읽었다. 다음엔 밀린 빨래를 했다. 흰옷과 손수건을 빨아 탈수한 후에 탈탈 털어서 널었다. 색깔있는 나머지 빨래를 세탁기에 넣고 돌렸다. 밀린 빨래 때문에 찜찜했던 마음이 후련하고 편안했다. 세탁기 돌아가는 소리를 백색소음 삼아 책을 읽었다. 행북지기 독서모임의 이번 달 책 '보도 섀퍼'의 〈돈〉을 읽고, 지인이 강력히 추천한 〈죽음의 역사〉도 읽었다. 〈돈〉은 전부터 읽어야 한다는 부담을 왕창 주었던 책인데 내용이 정말 좋았다. 재테크의 기본을 알려주는 책인데 돈에 대한 마인드를 바꾸어 주는 자기계발이라 해도 좋을 만큼 나에게 꼭 필요한 내용이었다. 네이버 카페 '자립독서다방'에 독서 인증까지 마쳤다.

할 일 하나를 마무리하고 빨간색 펜으로 줄을 그을 때마다 뭔가 큰 일을 해낸 것 같은 뿌듯함에 기분이 좋아졌다. 아직 할 일이 남았는데 졸려서 시계를 보니 밤 열한 시가 조금 지났다. 시간을 확인하는 순간 갑자기 피곤함이 몰려와 잠깐 누웠는데, 그사이를 못 참고 졸았다. 여느 때 같았으면 그냥 잤을 텐데 아직 청소가 남아있었다. 졸린 눈을 비비고 일어나 청소까지 마치니 시간은 이미 열두 시가 지나있었다. 유튜브 동영상의 유혹을 이기고 일요일 오후를 보람차게 보낸 내가 대견스러워 셀프 칭찬을 했다.

하루 할 일을 종이에 적고 잘 보이는 곳에 두면 실천할 확률이 높아진다는 것을 책에서 배웠다. 그러나 그것보다는 매시간마다 타이머를 맞추고 알람이 울리면 그때 자신이 하던 일을 적는 방식이 괜찮아 보였다. 바쁘게 하루를 보냈는데 잠자리에 누우면 내가 뭘 하느라 바빴는지 생각나지 않았기 때문이었다. 그런데 며칠 해보니 자영업자인 나와 맞지 않았다. 수시로 찾아오는 고객을 상대해야 했기에 알람 소리에 맞취 적는 것이 쉽지 않았다. 일에 대한 집중도도 떨어졌다. 방법을 바꿔서 시간을 구별하여 계획을 세웠지만 오가는 손님들 일을 처리하느라 계획한 일에만 집중할 수 없었다. 조직 안에서 체계적으로 일하는 직장인이 아니라 모든 면에서 유동성이 많았다. 자영업자는 시간 관리를 할 수 없는 직업처럼 여겨졌다.

에너지가 분산된다고 생각하여 시간 관리를 포기했는데도 괜히 산만하고 일에 집중이 안 되어 작은 실수를 자주 했다. 고객에게 미안하고 금전적 손실도 있었기에 대책이 필요했다. 실수가 잦은 것은 유튜브 시청 때문이라는 결론에 다다랐다. 자영업자여도 일에 집중하기 위해서는 시간 관리가 필요한 거였다. 한 번의 실패가 있었기에 어떤 방식이 좋을지 고민하던 중에 허필선 작가의 시간 관리 프로젝트 모집 글을 접하고 바로 참여했다. 방식은 간단했다. 매일 아침 할 일과 예상 시간을 적은 후에 일의 순서를 정한다. 그리고 가장 중요한 할 일에 형광펜을 칠하면 끝이다. 처음엔 십 분 안에 이 과정을 하는 게 힘들었지만 익숙해지니 넉넉하게 잡아도 오 분이면 충분했다.

아무리 간단하고 쉬워도 혼자 했으면 또 흐지부지됐을 수도 있는데 여러 명이 같이 하니 동기부여가 되어 좋았다. 귀찮은 마음이 들어 '오늘은 그냥 넘어갈까?' 하는 생각이 들 때도 많았다. 그러나 함께 하는 이들이 할 일을 적은 메모지를 사진 찍어 올린 것을 보면 동기부여가 되어 자연스럽게 포스트잇에 손이 갔다. 이렇게 쉬운 시간 관리 방식과 함께 하는 사람들이 있어서 꾸준히 할 수 있었다.

매일 할 일을 적고 실천하니 일에 실수가 현저히 줄고 능률이 높아졌다. 고객만족과 더불어 나의 자존감이 올라가고 시간 관리 습관이 자리 잡는 성과가 있었다. 이런 과정이 있었기에 지난 일요일에도 늦었지만 할 일을 적고 체크하면서 하루를 잘 마무리할 수 있었다. '슬기로운 시간관리 생활' 포스트잇 한 장으로 시간을 관리한 덕분에 휴일을 덧없이 보내고 나의 게으름을 탓하며 후회로 하루를 마무리하는 인생에서 벗어났다. 이 작은 시간 관리가 쌓여서 미래의 내 인생에 미칠 긍정적 효과가 기대된다.

4-3 시작하는 순간 반은 하고 있다
| 정일연

   8월 초 행복한 북창고 단톡방에서 시간을 관리하는 모임에 참여했다. 내가 하는 일의 특성상 예약 일정이 있어서, 일정대로 움직이고 할 일은 일정이 비는 시간에 하면 되는데, 굳이 시간 관리 모임을 해야 하는지에 대한 의문이 들기도 했다. 하지만 근래에 여러 가지 일들로 지쳐가는 나의 일정을 짜임새 있게 할 필요가 있어서 참여했다.

   이미 허필선 작가의 책을 읽고 강의도 들어봤기에 쉽게 적응할 수 있었다. 시간 관리의 첫 번째 할 일은 순서에 상관없이 생각나는 대로 할 일을 적는 것이었다. 그리고 두 번째 미션은 할 일들에 순서를 매겨서 단톡방에 공유하기였다. 할 일을 적고 순서를 매겨보니, 자연스레 중요한 일이 눈에 보였고, 어떤 일에 치중할 수 있었다. 가장 좋았던 점은 해야 할 일을 잊지 않는다는 점이었다. 메모장, 포스트잇 등에 편하게 적을 수 있어서 부담이 없었다. 쉽게 따라 할 수 있고, 크게 힘들지 않고 할 일을 관리할 수 있어서 점점 빠져들었다.

  처음에는 10분 안에 할 일을 적는 게 힘들었다. 적으면서 생각하려고 하니 잘 생각나지 않았다. 그제야 허필선 작가의 말이 이해됐다. '일을 시작하기 전 오늘 하루를 예상해보고 하루가 명확히 보이면 할 일을 적는 데 10분밖에 안 걸린다.'라는 말이 무슨 의미인지 알 수 있었다. 책상에 앉기 전에 머릿속으로 할 일을 생각하고 정리한 후 할 일을 적었다. 머릿속으로 할 일을 정리하고 적으니 정말 10분이면 충분히 적을 수 있었다.

  한 달여의 시간이 흘렀다. 이제 분주한 아침 시간에 하루의 스케줄을 적는 것이 조금은 습관이 된 듯했다. 출근 전 책상 위의 시계를 보며 하루 일정을 정리했다. 꼭 해야 할 일들을 순서대로 적었다. 시간이 지나면서 할 일을 적는 작은 습관은 기분 좋게 하루를 시작하게 해주었다.

  이제 좀 더 세분하여 시간 일정을 분류하고, 오전에 할 일(1시까지), 오후에 할 일(7시까지), 저녁에 할 일(잠들기 전)을 구분해서 적었다. 하루를 세 개의 구간으로 나누니, 구간이 끝날 때마다 할 일을 정리하고 다음 구간으로 넘어갈 수 있었다. 오전 할 일이 끝나면 오후 시간에 할 일을 보면서 어떤 일을 할 예정인지 정리할 수 있었다. 세 개의 구간으로 나눈 일을, 설정한 구간 안에만 끝마치면 되니 일이 많다는 생각이 사라졌다. 그저 할 일을 하나씩 지워나가면 되었다. 일에 대한 부담감이 낮아지니 조급함도 줄어들고, 마음이 안정되는 것을 느꼈다.

아침과 저녁에 할 일들을 적어두고 낮에 계속 보면서 생각하면 윤곽을 잡고 바로 시작할 수 있었다. 시간 관리를 할 때 보이지 않는 힘을 나에게 주지시킴으로써 안 해도 되는 자질구레한 것은 넘기고 오늘 못했다고 안달하지 않게 되었다. 느긋한 마음으로 이번 주에는 끝낼 수 있다고 구상했다. 언젠가부터 스케줄을 너무 빡빡하게 잡지 않고, 20~30% 여유시간을 만들어 놓을 수 있었다.

그리고 저녁에 하루를 돌아보며 잘한 점, 못한 점, 느낀 점, 개선할 점 등을 적었다. 단 10분이라는 시간이 조금씩 삶을 흔들고 있다는 것을 느꼈다. 하루가 어떻게 흘러갔는지 눈앞에 보이기 시작했다. 그 외에도 시간 관리 단톡방 회원들이 아침에 올리는 "오늘도 파이팅"이라는 응원의 문구에 격려받고 시간 관리를 잘하자는 것에 힘이 되었다.

시간 관리는 많은 일을 하는 것이 아니라 시간 관리를 함으로써 일을 줄이고 여유시간을 갖자는 것이다. 예상 시간을 정하고 일을 마친 후 실제 소요된 시간을 적으면 효율성 있게 일할 방법이 보였다. 얼마 전 생각만 하던 공저의 글쓰기도 하루하루 쓰다 보니 책으로 나올 수 있는 것도 시간 관리의 도움이 컸다. 짜임새 있는 시간 관리로 시작하니 어느새 원고의 반을 쓰고 있었다. 나의 일들이 점차 보이고 불필요한 일을 빼니 고민해야 할 일에 더 많은 에너지를 쏟을 수 있었고, 좋은 결과물이 나왔다. 해내야 한다는 시간의 부담을 갖지 않고 일의 순서와 시간의 효율적인 짜임새를 알아간다면 이것이 진정한 시간 관리의 힘이란 것을 알게 되었다.

시간 관리를 하면서 가장 먼저 해야 하는 것은 일단 시작하는 것이다. 그리고 익숙해지는 것이다. 시작하기까지는 많은 생각이 들고, 효과가 있을지 의문이 들 수도 있다. 의문이 든다고 시작하지 않는다면 생각이 맞는지 틀리는지조차도 알 수가 없다. 답을 알려면 최소한 문제를 풀어보려는 노력이라도 해야 한다. 삶을 알려면 최소한의 경험을 해봐야 한다. 일단은 시작하는 것, 그리고 익숙해지는 것은 나의 의지를 경험에 담아 삶에 영향을 끼치는 작업이다. 경험의 영향으로 삶은 어떤 모습으로든 변한다.

이번 시간 관리 프로젝트를 참여하며 참 잘했다는 생각이

든다. 많은 일을 할 수 있어서도 좋았지만, 그보다는 같은 일을 하더라도 좀 더 여유롭게 할 수 있어서 좋았다. 조급함은 자신의 부족 또는 일의 양의 문제가 아니었다. 자신이 할 일을 컨트롤 할 수 있는가의 문제였다. 이제는 시간을 다루는데 조금은 자신감이 붙었다. 그만큼 나의 삶도 시간의 여유를 찾고 있다. 최소한 커피 한 잔의 여유는 벌었다.

4-4 늘 실패했던 시간 관리 | 최지연

  꼭 해야 하고 중요한 것은 알지만 잘 안되는 것이 누구나 한 가지씩은 있다. 나에게는 그것이 시간 관리였다. 수많은 자기 계발서에서 성공을 위해선 시간 관리를 잘하라고 강조한다. 계획을 세우고 실천하며 피드백하라고 한다. 문제는 알면서도 잘 안된다는 점이다. 도대체 어떻게 계획을 짜야 시간 관리가 되는지 알지 못했다. 욕심을 내서 세밀하게 짜면 부담스러워서 도망가고 싶었다. 빡빡한 계획표는 끝이 보이지 않는 계단 같았다. 하나를 끝내면, 다음 계획이 나에게 채찍을 휘두르기 위해 기다리고 있는 것 같아서 하기 싫었다. 할 수 있음에도 애써 외면하고 딴짓을 했다. 느릿느릿하거나 딴짓하면서 '너무 빡빡하니 좀 쉬어야지.'라는 핑계를 댔다. 몇 번의 실패 끝에 여유롭게 계획을 짰다. 그러나 결과는 비슷했다. 이번에는 '아직 시간 있어.'라며 마감 직전까지 미루었다. 계획을 꼼꼼하게 짜던, 편안하게 짜던 결과는 같았다. 마감 직전에는 예상치 못한 일이 생겨 계획한 일은 뒷전이었다. 이런 경험이 쌓이면서, 나는 계획해도 소용없는 사람이라는 생각이 들었다. 어쩌면 시간 관리도 못 하는 나는 성공에서 이미 멀어진 사람이라며 '나는 안되는 사람'이라는 낙인을 찍었다.

그러던 어느 날 허필선 작가가 시간 관리 모임 인원을 모집한다는 글을 봤다. 허필선 작가는 내가 아는 한 가장 많은 일을 계획적으로 해내는 사람이었기 때문에 귀가 솔깃했다. 사실 참석하면서도 크게 기대하지 않았다. 이제까지 그 어떤 계획 모임에 가도 난 늘 중도 탈락을 하거나 효과를 못 봤기 때문이다. 계획을 답답해하며 즉흥적으로 결정하는 습관을 억누르기 위해 모임에 들어가지만, 주최자가 엄하면 아예 안 하고, 너무 부드러우면 계획을 깨는 편이었다. 이런 나였기에 이번에도 사실 반쯤 포기하고 시작했다.

프로젝트를 시작하기 전에 사전 강의가 있었다. 거기에서 내 귀에 꽂힌 말이 있었다. 귓가에 남아있던 그 말은 나에게 튼튼한 동아줄이 되었다. 프로젝트 첫날 아침 눈을 비비며 공책을 폈다. 사실 좀 부담스러웠다. 못 할까 봐 걱정되었다. 한편으론 꾀가 생겨서 너무 욕심부리지 말고 조금만 적어서 다 해내고 싶었으나 왠지 나 스스로를 속이는 것 같아 찝찝한 기분이 들었다. 엄청나게 복잡해진 머릿속에서 갑자기 어제 들었던 그 말이 생각났다.

"시간 관리는 선택입니다"

그 말이 생각나니 갑자기 부담이 줄어들었다. 선택인데 뭐, 실수할 수 있지. 이런 배짱이 생겼다. 조금 가벼워진 마음으로 그날 할 일을 머리에 떠오르는 대로 쭉 적은 뒤 할 일의 순서를 선택했다. 그리고 순서에 따라 처리해 보려고 애썼다. 하루 동안 해보니 확신할 수 없지만, 예전과는 뭔가 살짝 다른 느낌이 들었다. 일주일쯤 지나자 난 확신할 수 있었다. 이번에는 한 달간 잘 해낼 수 있겠다 싶었다. 지치지 않았다. 생각보다 편안하게 해내고 못 해낸 나도 밉지 않았다. 무슨 차이인지 궁금해졌다.

예전에는 여덟 개를 적고 여덟 개를 다 하지 못하면 그날은 실패한 날이었다. 모임에 참가한 사람들은 대부분 그날 할 일을 다 해냈고 나의 목록엔 할 일들이 남아 있었다. 그것이 늘 부끄러웠다. 해내지 못한 TO DO LIST는 내가 그들보다 못한 존재라는 증거 같았다. 부족한 내 모습이 부끄러워 시작이 부담스러웠고, 지속할 힘이 나지 않았다. 성공한 그들과 실패한 나 사이에는 엄청난 깊이의 절벽이 존재하는 것 같았다. 실패의 골짜기를 넘어 성공으로 가고 싶지만, 흔들리는 외줄만 절벽 사이에 있는 것 같이 느껴졌다.

그러나 TO DO LIST가 선택되었다. 증명서가 아닌 선택이 된 목록은 오롯이 나에게 집중하는 도구가 되었다. 남들과 비교할 필요가 없었다. 내가 왜 선택했고, 선택대로 하지 못했다면 그 이유에 대해서 나 스스로 알아차리면 되었다. 여덟 개 중에 네 개만 했다고 해서 절반밖에 못한 바보 같은 인간이 되는 게 아니었다. 그저 할 일 중에 네 개는 중요하니까 선택한 것이고, 나머지는 할 시간이 없다고 판단했을 뿐이었다. 이유는 딴짓과 시간을 잘못 예상한 것이었다.

이점이 가장 달라진 부분이었다. 내 계획을 방해하는 원인은 찾고 보완하면 그만이었다. 비록 내가 오늘 하겠다고 적었던 것의 절반밖에 못 했지만, 그것이 나의 능력이 부족하거나 내가 잘못된 것으로 생각하지 않았다. 그저 내가 선택할 때 고려해야 할 사항을 제대로 예측하지 못한 실수였다. 이렇게 생각하자 할 일 목록에 대한 부담이 줄었다. 결과에 대해 반성할 뿐 자책하지 않을 수 있었다. 자책이 아닌 반성을 하게 되자 의욕도 생겼다. 조금 더 잘 해보고 싶다는 생각이 들었고, 어떻게 하면 잘할 수 있을지 고민도 하게 되었다. TO DO LIST를 적고, 점검하는 시간이 심판의 시간이 아니라 기대되는 시간이 되었다.

지금은 시간 관리 모임에 사정상 빠졌지만, 여전히 혼자서 할 일 목록을 작성하고 매일 체크하고 있다. 이제는 실수도 많이 줄어서 여덟 개를 적으면 여섯 개 정도는 수월하게 해낸다. 아직도 매일 저녁 한숨을 내쉬지만, 더 이상 자책의 한숨이 아니다. 심호흡이다. 호흡할 때마다 나의 다리가 늪에 빠지는 기분이 아니라, 새로운 바람이 들어와서 내 머릿속의 잡생각을 싹 쓸어서 내보내는 아주 개운한 하나의 숨이다. 심호흡하고 가벼운 마음으로 오늘의 할 일 목록을 들여다본다. 오늘 못 한 일은 잘못한 일이 아니다. 내일 할 일이다. 오늘 할 일을 하고 나니, 내일의 계획이 덤으로 생긴 것이다. 그리고 나에게는 선택의 팔레트가 더 넓게 펼쳐졌을 뿐이다. 나는 예쁘게 차려진 내일이라는 시간 속에서 맛있는 과일들을 찾아 먹으면 되는 것이다. 오늘 먹지 못하겠는 것은 내일 먹으면 되니까 말이다.

4-5 하루를 결정하는 아침 5분의 시간
| 이은영

　10년간 직장인으로 살면서, 나는 퇴사 후의 삶을 이렇게 상상했다. '아침에 카페에서 여유롭게 차 한 잔을 한다. 원하는 시간에 노트북을 켜서 열정적으로 일한다.' 하루의 시간을 스스로 결정해서 살고 싶었다. 열심히 사는 건 자신 있으니까, 매일을 알차게 보낼 수 있을 거라 믿었다. 하지만 직장을 그만두니 정해진 시간표가 없어졌다. 시간은 많은데, 어떻게 효율적으로 쓸 수 있는지 몰라 허둥지둥했다.

　직장을 그만둔 이후로 매일 책을 읽기 시작했다. 뒤늦은 지적 호기심에 온종일 책을 읽어도 힘들지 않았다. 새로운 삶으로 나아가려는 열정에 불이 붙었다. 주말마다 도서관이나 서점에 가서 책을 빌리고 샀다. 그리고 모두 읽었다. 열정적인 내 모습에 가족들도 놀랄 정도였다.

　아이를 등원시킨 어느 날, 여느 때처럼 책을 펼쳤다. 점심시간을 빼고는 엉덩이 한번 떼지 않고 독서를 했다. 금새 아이가 하원할 시간이 되었다. 아이는 통학버스에서 잠들어 있었다. '책을 더 읽을 수 있겠네!' 내심 기뻤다. 두 시간이나 더 진득하게 읽었다. 어느덧 집 안으로 저녁 빛이 들었다. 오늘 하루도 열심히 살았다는 생각에 뿌듯했다. '이렇게 공부했으면 서울대 갔겠다.'라는 말을 스스로에게 하며 혼자 웃었다.

 문득 궁금했다. '오늘 꽤 오래 책을 읽었네. 몇 시간이나 읽었지?' 나는 시간을 확인하고 경악했다. 여덟 시간 동안 책상 앞에 앉아 있었다. 그런데 300페이지도 읽지 못했다. 여덟 시간 동안 겨우 이것밖에 못 했다는 사실에 황당하고 기가 막혔다. 책을 읽는 동안 즐거웠던 마음이 시간을 확인하고 허탈함으로 바뀌었다.
 무엇이 문제일까? 읽는 속도가 느려서일까? 책 읽는 것 말고 또 뭘 했던가? 곰곰이 되짚어보니, 나름의 이유가 있었다. 책을 읽으면서 잠깐씩 봤던 SNS가 시간을 잡아먹었다. 또 계획 없이 읽으니 제대로 집중하지 않았던 것이다. 잘하고 있다고만 생각했는데, 현실은 조금 다르다는 것을 깨달았다.

 열심히 사는 것 같아도 구체적인 계획이 없으면 시간의 밀도가 떨어지고 마냥 늘어질 수 있다. 또 계획이 있어야 피드백도 있다. 시간과 결과물을 비교해야 시간을 효율적으로 사용하고 있는지, 계획대로 실행하고 있는지 점검할 기회가 생긴다. 나는 반대로 하고 있었다. 계획도 피드백도 없이 열심히만 살았다. 열 시간을 책상에 앉아 있다고 한들 집중하지 못하면 어떤 의미가 있을까? 이런 생각에 등골이 서늘했다. 시간을 계획해야 할 필요성을 절감했다.

일정을 효과적으로 관리하기 위해 처음으로 플래너를 구입했다. 오랜만에 다이어리를 쓴다고 생각하니 너무 설렜다. 이미 계획적인 사람이 된 기분이었다. 새 플래너는 한 시간마다 일정을 적을 수 있도록 칸이 나뉘어져 있었다. 처음에는 신이 나서 빼곡하게 칸을 채워 넣었다. 그랬더니 사소한 일 하나까지 놓치지 않으려는 욕심에 금방 지쳐버렸다. 칸을 채우는 데 급급해 중요한 일을 놓치는 것 같았다. 다른 방식의 시간 관리가 필요했다.

그러다 투두리스트를 적기 시작했다. 매일 아침, 오늘 해야 할 일 목록을 적고 순서를 정한다. 그리고 모든 일정을 오전, 오후, 저녁의 일로 구분한다. 일정별로 소요 시간을 예상해서 적고, 마지막으로 목록 중 가장 중요한 일에 형광펜을 칠한다. 간단하고 쉽다. 다이소에서 산 메모지에 쓱쓱 적으면 그만이다. 예쁘게 적을 필요도, 매시간을 빡빡하게 정리해야 할 이유도 없다.

　여기서 핵심은 오늘 중 가장 중요한 일정에 형광펜을 칠하는 것이다. 형광펜을 쥔 순간, 자잘한 일들보다 꼭 해야 하는 중대한 일을 돌이켜 생각해본다. 그런 후 형광펜 칠한 일을 오늘의 하이라이트로 삼아 집중할 수 있다.

　이 방법이 나에게 최고였다. 우선 고민하는 시간이 짧았다. 시간별로 일정을 촘촘히 나눌 필요가 없었다. 어떤 일을 어떤 순서로 얼마만큼 할지만 정하면 됐다. 무엇보다 미뤄왔던 일을 실행하게 했다. 그전까지 나는 블로그를 하고 싶었지만, 좀처럼 엄두를 내지 못하고 있었다. 그러면서도 해야 한다며 마음이 쓰였다. 투두리스트를 쓰자 머뭇거리던 할 일이 글로 옮겨졌다. 자연스레 오늘 할 일에 '블로그 포스팅'이라고 적었다. 가장 중요한 일이라며 형광펜도 칠했다. 나는 더는 미루지 않고 블로그를 시작했다.

　내게는 계획 시간과 소요 시간을 맞추는 일이 늘 어려웠다. 블로그를 하니, 같은 문제점이 드러났다. 매일 아침 투두리스트에 블로그 포스팅의 예상 시간을 적었다. 하지만 막상 포스팅을 끝내면, 예상을 훌쩍 뛰어넘었다. 계획은 1시간 30분인데, 주제를 찾느라 1시간, 글 쓰고 수정하는 데 2시간이나 걸렸다. 마음과 다른 속도에 답답하기만 했다. 그럴수록 초조해졌다. 삼십 분이 지날 때마다 한숨이 나왔다. '지나치게 꼼꼼해서일까? 적응 기간이니 시간 체크를 하지 말까? 한다는 사실이 중요한 거 아닐까?' 시간을 체크하지 않아도 된다는 핑계만 가득 떠올랐다.

그날 밤은 침대에 누워 내일 할 일을 머릿속으로 떠올려봤다. 부담감을 내려놓고 즐겁게 상상했다. '내일은 블로그에 이런 주제로 글을 써볼까? 그렇다면 이런 내용을 넣는 것이 좋겠어!' 아이디어가 샘솟았다. 머릿속이 환해지는 것 같았다. 대략적인 구조를 정했다는 사실에 기분 좋게 잠이 들었다.

다음 날, 책상에 앉은 나는 깜짝 놀랐다. 주제를 찾고 글 쓰는 일이 평소와 달랐다. 미리 머릿속에 그려놓은 것들을 옮겨 적는 느낌이었다. 일에 탄력이 붙었다. 무언가에 쫓기는 것 같았던 마음도 한결 편안했다. 포스팅을 마무리하고 시계를 보니, 소요 시간이 반으로 줄었다. 놀라웠다! 전날 밤에 했던 상상의 효과였다. 미리 간단하게 생각해본 것이 전부였는데, 일이 이렇게 수월해진다니 신기했다. 십 분만 미리 상상해도, 일을 처리하는 속도가 빨라진다는 것을 배웠다.

아이를 키우는 엄마라면 누구나 일하고 공부하고 육아하면서 충실하게 하루를 살아간다. 하지만 열심에만 매몰되어 시간 관리를 놓치기도 한다. 나 역시 열심히 살고 있다고 내심 만족했었다. 시간 관리는 유난스러운 사람들의 습관쯤으로 생각했다. 막상 내 현실을 보니, 중요하지 않은 일을 하느라 보낸 시간이 꽤 많았다. 해놓은 것은 없는데 나이만 먹는 게 아닐까 겁이 났다. 열심히 사는 만큼, 무언가를 이뤄내고 싶었다. 계획을 세우게 된 계기였다.

시간 관리는 완벽하지 않더라도 일단 부딪혀봐야 알 수 있다. 시행착오를 겪으면서 나만의 노하우가 쌓인다. 무엇보다 시간을 소중하게 여기는 마음이 필요하다. 시간을 기억하면, 내게 중요한 일이 무엇이고 소중한 가치가 무엇인지 알 수 있다. 그것이 '나'라는 사람의 정체성이기도 하다.

처음엔 서툴렀던 나도 어느덧 시간 관리 2년 차다. 오래 지속하려면 쉬운 방법이어야 한다. 시간 계획부터 어렵다면, 이것마저도 하나의 일이 되기 때문이다. 투두리스트는 간단하면서 효과적이다.

매일 아침 투두리스트를 쓰는 것은 하루의 밑그림을 그리는 일이다. 하루를 시작하기 전에 오늘 해야 할 일들을 결정할 수 있다. 그리고 할 일 목록 중에 가장 중요한 일을 선택해야 한다. 최종 목적지를 정하고 그 길을 향해 쭉 나아가는 것이다. 방향이 명확하기에 다른 길을 가거나 헤매지 않는다. 목적지를 향해 가는 힘은 아침 5분의 시간에서 나온다. 우리에게 똑같이 하루 24시간이 주어지지만, 어떻게 활용하는지는 각자의 선택에 달려있다. 단순히 메모지에 시간 계획을 쓰느냐 그렇지 않느냐에 따라 시간의 질이 달라진다. 이 간단한 방법으로 우리는 시간의 주인이 된다.

4-6 균형은 찾고, 혼란은 잠재우고
| 임윤정

 하나, 둘! 하나, 둘! 발걸음을 내디뎠다. 천천히 시작해서 점점 속도를 올렸다. 5분도 채 안 돼 숨이 차기 시작했지만, 기분이 좋았다. 빵빵한 에어컨 아래 러닝머신에서 걷고 있으니 피식 웃음이 나온다. 이렇게 걸어본 지가 얼마 만인지…. 여섯 살 아들이 태어난 이후로는 기억이 없으니 적어도 5년 이상은 운동과 담을 쌓고 살았다. 오랜만에 가빠진 호흡을 가다듬으며 건강한 땀방울의 감촉을 즐겼다.

 운동하기로 마음먹고, 아파트 지하 헬스장을 등록한 건 두 달 전이다. 하지만 운동하러 가지 않았다. 이유는 다양했다. 밥 먹고 배불러서 안가거나, 집안일을 하고 책을 읽다 보니 시간이 훌쩍 지나 운동할 타이밍을 놓쳤다. 이렇게 변명해 보지만 그럴싸한 핑계일 뿐이다.
 헬스장 이용료 월 만 원은 관리비 고지서에 덧붙여서 나온다. 남편이 고지서를 보고 헬스장에 갔는지 물었다. 안 갈 거면 해지하라는 남편의 말에 조만간 갈 거라며 자신 있게 답했다. 하지만 뜨끔한 마음은 어쩔 수 없다. 두 달 전 운동을 위해 장만했던 레깅스는 상표도 떼지 않은 상태로 방치했다. 엘리베이터를 타고 지하 헬스장으로 가는 길이 아득히 멀게 느껴졌다. 지옥으로 끌려가는 느낌이었다. 의지력을 탓하며, 후회만 쌓여갔다.

그러던 내가 운동하게 된 계기는 행복한 북창고 시간 관리 프로젝트 때문이었다. 매일 아침 메모지에 할 일을 쓰고 순서를 정하는데 4일째 되던 날, 할 일 목록에 운동을 넣었다. 포스트잇을 보면서 순서에 맞춰서 한 일을 지워나갔다. 이제 다음 순서는 운동이라고 적혀있었다. 순서를 적어놓으니 '운동'이라는 단어가 눈에 밟혔다. '다음으로 넘어갈까? 아니면 했다고 생각하고 줄을 칠까?' 잠시 고민도 했다. 그래도 그냥 넘어갈 수는 없었다. 옷을 갈아입고 헬스장으로 향했다. 그 작은 포스트잇이 뭐라고 무거운 발걸음을 떼도록 만들었다. 그렇게 헬스장에 등록한 지 두 달 만에 처음으로 운동을 했다. 작은 포스트잇에 한 줄 적었을 뿐인데 운동을 하게 만들었다는 것이 놀라웠다. 오히려 반문이 생겼다. 그동안에 헬스장에 못 간 이유가 무엇일까?

이유는 단순했다. 막연하게 헬스장에 가야겠다고 마음을 먹었지만, 언제 갈지 정하지 않았기 때문이다. 시간을 정하지 않으니 계속해서 미루게 되고, 저녁이 되면 '내일은 가야지'라고 하면서 미루고 있었다. '언제 밥 한번 먹자'라고 약속해도 밥을 먹기 힘든 것처럼 말이다.

의지보다 시스템이 중요하다는 말이 맞다. 순서를 정하는 것은 시간을 정하는 것보다 더 큰 힘이 있었다. 시간을 정해놓으면 그 시간에 하지 않았을 때 핑계를 만든다. '이미 시간이 지났으니 끝난 거지 뭐.'라며 자기 합리화를 한다. 하지만 순서를 정하면 얘기가 다르다. 순서에 따라 일을 끝내고 다음 일을 해야 한다는 생각이 든다. 그래서 일단 적어놓으면 그 일을 끝내기 전까지는 핑계를 댈 수 없다.

행복한 북창고 시간 관리에서 하는 방법은 아주 간단하다. 너무 간단해서 모르는 사람이 보면 '이걸로 시간 관리가 된다고?'라는 생각이 들 정도다. 북적거리던 아침, 남편이 출근하고 아이가 등원해 집안이 고요해지면, 식탁에 앉아 포스트잇에 그날 할 일을 적어 내려갔다. 감사 일기, 명상, 책 읽기, 거실 정리, 블로그 포스팅, 러닝머신 걷기 등 목록을 쭉 적으니 아홉 개나 되었다. 일의 순서와 대략적인 시간대를 적고 중요한 일에 형광펜을 칠했다. 그게 전부였다. 순서를 정한 그대로 실천하려고 노력했다. 운동하기로 한 순서가 되면 독서를 멈추고, 레깅스를 꺼내 입었다. 이어폰도 챙겼다. 운동화를 신고 가벼운 발걸음으로 지하로 향했다. 며칠 동안 반복하니 어느새 헬스장 가는 일이 일상이 되었다. 러닝머신을 최고 속도로 올릴 때마다 내 한계를 확장하는 것 같아 마음이 뿌듯했다. 뭔가 이루어냈다는 기분도 들고 다른 일을 하면서도 자신감이 높아졌다.

하루 계획을 적는 일은 능동적이면서도 힘들지 않다. 10분이면 된다. 실천하는 일 역시 적어놓은 대로 따르면 되기 때문에 많은 힘이 필요하지 않다. 힘을 빼고 살면서도 목표를 실천하며, 내가 주도적으로 살고 있다는 기분이 든다. 어쩌면 세상에서 가장 쉬운 시간 관리 방법일지도 모른다. 하지만 그 효과는 대단하고 복잡한 그 어떤 것보다 강력하다.

행북(행복한 북창고) 시간 관리에 참여하며 얻은 것은 운동만이 아니다. 이전에도 나름대로 열심히 살고 있다고 생각했다. 하지만 뭔가 빠트리고 다닌 듯 마음이 허전했다. 책을 읽고 글을 쓰며 의미 있는 일을 하면서도 중요한 무언가를 놓치고 있는 것 같았다. 바쁘게는 살지만, 꼭 해야 할 일을 하지 않고 있다는 느낌 때문에 불안하고 혼란스러웠다. 뭔가 잘못된 것 같았지만 무엇을 어떻게 바꿔야 할지 몰랐다. 이제 매일 아침 목표를 적다 보니 인생의 가치와 목표에 대해 생각하게 되었다.

중요한 일에 형광펜을 칠하라고 하는 말과 하루에 해야 할 중요한 일은 그리 많지 않으니 한두 가지 정말 중요한 일에만 형광펜을 칠하라는 허필선 작가의 말이 귀에서 맴돌았다. 오늘의 할 일인 독서와 블로그 글쓰기를 보면서 이 일이 내 삶에 얼마나 중요한 일인가? 오늘 꼭 해야 하는 중요한 일이 맞을까? 하는 의문이 생겼다. 정말 중요한 것은 아니라는 생각이 들었다. 아이의 모습이 떠올랐다. 블로그에 집중하고 있을 때 옆에서 핸드폰을 보는 아이를 보며 깊이 반성했다. 삶의 지혜를 얻겠다고 시작한 독서가 정말 중요한 가치를 덮고 있었다. 세상 그 무엇보다 소중한 것을 옆에 두고 또 다른 가치를 찾아 헤매고 있었다. 나의 모습을 돌아보니 아이에게 미안해졌다.

이후 불필요한 일은 최대한 줄이기로 했다. 삶의 가치에 맞는 일에 시간을 쓰고자 했다. 꼭 들어주지 않아도 되는 부탁은 거절했다. 인터넷 기사도 애써 클릭하지 않았다. 습관처럼 들르던 네이버 카페도, 오픈 카카오톡방도 잘 들여다보지 않앉다. 무엇보다 빠져 있던 블로그를 멈춘 것이 큰 수확이다. 그런 일은 결코 중요한 일이 아니었다. 해도 그만 안 해도 그만인 일이었다. 불필요한 일을 줄인 시간으로 중요한 일에 더 많은 시간과 에너지를 쏟을 수 있었다. 아이와 함께일 때는 아이에게 집중하고 그 외에는 목표와 연관한 책을 읽고 글을 쓰며 보낸다. 운동하고, 감사 일기 쓰기와 명상을 꾸준히 실천하는 중이다.

아침 메모는 메모 이상의 힘을 준다. 해야 할 일을 잊지 않게 해줄 뿐 아니라, 자신과의 약속을 실천하게 한다. 일종의 선언이 된 셈이다. 이를 지키지 못했다고 해서 누가 나무라는 것도 아니지만, 빨간 줄을 그어 나갈 때면 묘한 짜릿함이 있다. 마치 하루를 깨끗이 청소하는 듯해서 마음이 시원해진다. 할 일을 모두 해서 전체가 빨간 줄이 그어지면, 벅찬 마음이 손끝을 타고 온몸으로 번진다. '오늘 참 잘했어!'라는 폭풍 칭찬의 말이 절로 나온다.

4-7 나, 오늘 왜 바빴지? | 남은주

출근하여 업무 준비를 마치고 책상 앞에 앉았다. 특별하게 급한 일이 없어서, 성경 필사하는 루틴에 따라 노트를 펼쳤다. 그러나 자영업자이다 보니 개인적인 일에 집중할 수 없었다. 필사하는 중간에 손님이 오면 응대해 주어야 하기 때문이다. 필사하는데 예상되는 시간은 넉넉하게 삼십 분이면 충분하지만, 어떤 때는 두 시간이 넘을 때도 있다. 또 필사만 하면 다른 할 일이 불쑥불쑥 떠오르는데 무슨 조화인지 모르겠다. 생각나는 대로 두서없이 일을 해결하다 보면 어느덧 점심시간이다. 하나의 일을 끝내지 못하고 중간에 다른 일을 하니 마음만 급하고 어느 것 하나 제대로 마무리 짓지 못해 마음만 급했다. 이 일을 하려고 하면 저 일이 급한 것 같고 또, 저 일을 하다 보면 그 일이 급한 것 같아 갈피를 잡을 수 없었다. 하나의 일을 마무리하지 않고 다음 일로 넘어갔다가 다시 처음 일로 돌아오면 중간에 맥락이 끊겨 예상했던 시간보다 초과하기 일쑤었다. 이렇게 우왕좌왕하다 오전 시간이 다 갔다.

오후 시간도 오전과 별반 다르지 않았다.

  이리저리 헤매면서도 빼놓을 수 없는 게 있다. 바로 유튜브 시청이다. 전에는 오디오 성경이나 찬송가 또는 복음성가를 들으면서 일을 했는데 언제부터인지 유튜브로 대체되었다. 이 유튜브란 놈이 요물이다. 시간 잡아먹는 귀신이다. 자투리 시간이 조금만 생겨도 자동으로 유튜브에 손이 갔다. 조용히 책상 앞에 앉아서 컴퓨터로 하는 일이 많으니, 유튜브에 접근하기가 쉬웠다. 내가 사장이면서 직원이기에 누구 눈치 볼 것도 없다. 손님이 매장에 오래 머무는 게 아니라서 유튜브 보기에 최적화된 환경이다. 구독하고 자주 시청하는 채널을 찾아 새로 업로드된 영상을 켜놓고 일을 했다. 화면을 보는 건 좀 어렵고 주로 귀로 듣기만 한다. 일에 집중하느라 놓친 부분이 있으면 '되돌리기'해서 다시 보기도 불사했다. 사람은 멀티가 안 된다는 걸 알면서도 유튜브에서 손을 뗄 수 없었다.

  문제는 또 있었다. 하나의 영상이 끝나면 마음에 드는 또 다른 영상을 찾아 헤맨다. 어느새 시간이 훌쩍 지나가 어이없을 때가 많았다. 이렇게 적고 보니 유튜브 영상 보는 게 내 본업처럼 보이는데 절대 아니다. 나의 본업인 자영업을 시작한 지도 벌써 십 년이 넘었고 편집 디자인 일은 이십 년이 훌쩍 넘었다. 일이 손에 익어서 크게 집중하지 않아도 자동으로 손이 먼저 움직이는 까닭에 유튜브 보는 게 더 쉬웠다. 어떤 때에는 일보다 유튜브에 더 집중했지만 그걸 알아차리지 못했다. 일과 유튜브 사이에서 매일 분주하게 움직였다.

바쁜 하루를 마무리하고 잠자리에 누워 정신없이 바빴던 이유를 돌이켜 보았다. '일이 많았나?' 그날 어떤 일을 했는지 곰곰이 생각해보았다. 딱히 떠오르는 게 없다. '그럼 난도 높은 일이었나?' 그것도 아니다. 아무리 생각해도 바쁜 이유가 없었다. '나, 도대체 왜 바빴던 거야?' 바빴다는 건 느낌일 뿐 실체를 알 수 없었다. 이런 경우에 한 시간마다 하는 일을 체크해 보라는 것을 어떤 책에서 본 기억이 났다. 손님이 오면 수시로 거기에 응대하다 보니 이 방법은 나와 맞지 않았다.

이것이 시간 관리 프로젝트에 참여한 이유 중 하나이다. 시간 관리라고 하면 거창하고 어려울 줄 알았는데 생각보다 방법이 쉬웠다. 시간 관리 다이어리에 하루 할 일을 생각나는 대로 순서 없이 적는 것이었다. 적은 후에는 아침, 낮, 오후 중 언제 할지를 정하고, 각 일을 하는데 예상되는 시간까지 꼼꼼하게 적는다. 그리고 일의 순서에 따라 번호를 적고 그날 반드시 해야 하는 중요한 일에 형광펜을 칠한다. 이렇게 하는데 십 분도 채 안 걸린다. 이처럼 적기만 해도 하루 일정이 쉽게 파악되었다. 그러나 적기만 한다고 시간 관리가 되는 게 아니었다. 잘 보이는 곳에 펼쳐놓고 수시로 체크하는 것이 중요하다. 하나가 마무리될 때마다 붉은색 펜으로 줄을 그어 나가면 된다.

 이렇게 적는 것만으로도 실천력이 높아진다는 걸 책에서 배워서 알고 있었지만 실천하지는 않았다. '설마 적는다고 뭐가 되겠어?'라는 마음이 컸다. 그런데 효과가 바로 나타났다. 머릿속으로 생각만 할 때와 달랐다. 할 일이 눈에 보이는데 미루고 있으니 마음이 불편해서 안 할 수가 없었다. 하나의 일을 마치고 붉은 줄을 그을 때 뭔가 해냈다는 대견함과 뿌듯함이 있었다. 이런 성취감을 느끼고 싶어서 집중해서 빠르게 일을 처리했다.

 덕분에 나의 고질병인 마감까지 미루는 습관이 개선되었다. 시간 관리 프로젝트를 하면서 나의 문제점을 깨달았다. 그중 하나는 일의 우선순위가 올바르게 정립되지 않았다는 것이다. 지금까지 나는 해야 할 일이 아니라 하고 싶은 일을 먼저 하고 있었다. 쉽고 재미있는 일 위주로 하다 보니 중요한 걸 놓치고 있었다. 나의 삶에 도움이 되는 일이, 어렵고 힘들어서 하기 싫어도 먼저 해야 하는데 그렇지 못했다. 내가 형광펜을 칠한 일은 부담이 되어 피하고 싶은 게 대부분이었다. 누구나 그런 건 아니겠지만 내 경우엔 그랬다. 하지만 중요한 일에 형광펜을 칠하는 건 신의 한 수였다. 이게 없었다면 아직도 나는 쉽고 편한 것만 하고 있을지도 모른다.

일의 순서를 미리 정한 것도 좋았다. 순서 없이 할 일을 생각만 하고 있을 때는 하나의 일을 끝내면 다음에 어떤 걸 해야 할지 결정하는 데에도 시간이 걸렸다. 남은 일 중 어떤 걸 먼저 할지 헷갈릴 때가 많았다. 생각나는 대로 하나를 선택해서 하다 보면 더 급하게 처리할 일이 떠올라 마무리 짓지 못하고 급한 걸 먼저 해결했다. 이게 두세 번 반복되면 일이 꼬여 멘붕이 올 때가 많았다. 어떤 것을 먼저 해야 할지 몰라 우왕좌왕하면서 아까운 시간만 흘려보내기도 했다. 그런데 시간 관리 다이어리에 일의 순서까지 정해놓으니 그런 낭패가 사라졌다. 다이어리에 적어 둔 순서대로만 해도 다음으로 넘어가는 시간이 짧아져 시간을 효율적으로 쓸 수 있었다.

시간 관리 프로젝트에 참여하면서 내가 실속 없이 바쁘기만 했던 원인을 찾았다. 정작 해야 할 중요한 일보다 해도 그만 안 해도 그만인 일에 시간을 너무 많이 투자하고 있었다. 정신없이 바쁘게 하루를 보낸 것을 목적에 맞게 잘 살았다고 생각한 건 순전히 나의 착각이었다. 목적 없이 바쁘게 열심히만 하는 건 시간 낭비일 뿐이다. 목적에 맞게 중요하고 의미 있는 일을 얼마나 했느냐가 중요하다. 이런 일을 많이 할수록 내가 발전하고 성장하는 데에 도움이 된다.

  이제 시간 관리 다이어리는 나의 껍딱지가 되어 어디든지 나와 함께 한다. 시간 관리 프로젝트를 하면서 배우고 깨달은 것이 바탕이 되어 하루, 일주일, 한 달, 일 년, 더 나아가 일생을 알차고 보람되게 보낼 수 있을 것이라 기대한다.

4-8 잠시만 | 조영미

 어느 날 시간 관리 프로그램이 눈에 띄었다. '시간 관리를 한다고?' 시간 관리를 해야 하는 걸 알면서도 의지가 약한 나는 이 핑계 저 핑계 대면서 못하는 게 아니라 안 하고 있었다. '내일 하지 뭐.' 이렇게 미루면서. 그런데 이 프로그램에 참여하여 여러 명이 같이 하면 '나도 할 수 있지 않을까?'란 생각이 들어서 신청했다.

 첫날의 미션은 포스트잇에 그날의 할 일을 적으라는 거였다. 출근해서 포스트잇에 그날 할 일을 적기 시작했다. '어! 근데 뭘 적지? 해야 할 일들이 분명 많았는데 어디로 도망간 거지?' 분명 출근길에 회사 가서 해야 할 일들이 많았는데 막상 적으려고 하니깐 생각 나는 게 없었다. 한참 동안 포스트잇만 보고 있었다. 겨우 할 일 몇 가지가 생각나서 바로 포스트잇에 적고, 포스트잇의 순서대로 일하기 시작했다. 하나의 일이 끝날 때마다 한 일을 빨간 펜으로 줄 치며 지웠다. 지울 때마다 묘한 짜릿함이 있었다. 마치 삶의 미션을 하나씩 이루어가는 듯한 기분이었다.

 그렇게 작디작은 포스트잇으로 거대한 삶의 시간을 관리하기 시작했다. 매일 포스트잇에 할 일을 쓰다 보니 할 일의 숫자가 점차 늘어났다. 그리고 그날 반드시 해야 할 일에는 중요 표시를 했다. 그러다 어느 순간 '이제 뭐 하지?'하며 포스트잇을 보면 '아, 이거 해야지' 하며 다음 할 일이 보였다. 리스트에는 있지만, 그날 못 한 일은 다음 날 다시 포스트잇에 적었다. 그런데 다음으로 미루어진 일 중에 중요한 일들이 늘어났다. '왜 그러지? 분명 중요하다고 판단했고, 오늘 반드시 해야 할 일이라 표시까지 했는데 자꾸 중요한 일이 미루어지는 걸까?'라는 생각이 들었다. 그날의 일정을 되새겨 보았다. 시간을 허투루 보낸 것은 아니었다. 포스트잇에 적은 대로 할 일을 하고 있었고, 그날 끝낼 수 있다고 생각했는데 미루어지는 이유를 알 수 없었다.

 일하는 방식을 되돌아보니 일을 하다가 동료가 나에게 무언가 물어보면, 그걸 먼저 해결해주고 다시 내 일을 하고 있었다. 나도 빨리 끝내야 하는 일이 있는데도 불구하고 직장동료가 물어보는 걸 다 대답해주면서 정작 내가 해야 할 일이 미루어진다는 걸 알았다. 이러니 매일 시간 외 근무를 하고, 휴일까지 일하는데도 불구하고 일에 싸여 허덕거렸다.

  일이 자꾸만 미뤄지는 건 나 때문이었다. 일을 못 하거나 시간이 없어서가 아니라 그날 끝내야 할 일을 인지하지 못하고 동료의 일을 먼저 해결하려니, 일이 쌓이고 항상 바쁜 사람이 되었다.

  성격상 동료가 물어오면 매몰차게 뿌리칠 수 없어서 다른 방법을 사용해보았다. 동료가 "이거 어떻게 하는 거예요?" 하고 물으면 "어 그거 이렇게 하면 될 거 같은데. 한번 해봐. 어때 맞아?" 한참 있다가 동료가 "어 맞아요. 그렇게 하니까 되네요." 하고 일이 해결됐다. 얼마 있다가 다시 "이건 어디서 찾아요?" 하길래 "그건 여기 들어가서 찾으면 있어"라고 대답해주고 찾아서 해결하는 거까지 보고 다시 내 일을 했다. 이렇게 사소한 일들이 쌓여서 나의 일을 방해하고 있었는데, 알아차리지 못하고 나의 일보다 먼저 나서서 해주곤 했다. 내 일보다 타인의 일을 더 우선시해서 시간이 없다는 걸 포스트잇으로 시간 관리를 시작하고 나서야 알았다. 처음에는 이 작은 포스트잇이 무슨 효과가 있을까 싶었는데, 아침 10분 동안 적는 것만으로도 나의 시간 관리를 바라보게 해주었고, 잘못된 습관을 바로잡는 계기가 되었다. 이렇게 바뀐 것만으로도 시간 관리를 시작한 의미가 충분히 있다는 생각이 들었다.

나의 업무 스타일을 알고 나서는 일하는 모습이 이전과는 많이 바뀌었다. 이제는 직장동료가 "이거 어떻게 하는 거예요?" 하고 물으면 "그거 이렇게 하면 될 거 같은데." 가 아니라 "지금 급하지 않으면 하던 일 끝내고 알려줘도 될까?"라고 답한다. 이전에는 이렇게 말하는 게 너무 어려웠는데 막상 말하고 나니 별일이 아니었다. 상대방도 아주 쉽게 받아주었. '그래 이렇게 하면 되는 거였어.'

이런 경험이 쌓이니 마음이 무척 가벼워졌다. 그리고 동료가 물어본 것에 답을 해주기 위해, 내가 하던 일에 집중해서 더 빨리 끝낼 수 있었다. 이렇게 변한 나의 모습을 보면서 입가에 웃음이 지어졌다. 내가 지금 중요한 일을 하고 있다면 타인이 다른 걸 요구하더라도 내 일을 먼저 하고, 도와주면 되는 걸 지금까지 남 일부터 열심히 해주니 나는 항상 바빴다.

대단한 일을 한 것도 아닌데 평상시와 다르게 "어 그거~" 가 아니라 "잠시만"이란 말로 바꿨을 뿐인데 마음이 한결 편하고 가벼워졌다. 나는 포스트잇을 통해서 이제야 사람과의 관계에서 함께하는 법을 배우고 있다. '잠시만~~~'

4-9 게으른 완벽주의자의 시간 관리
| 최지연

"미루는 사람들은 게으르다 착각하기 쉽지만, 사실 그 사람들은 누구보다 완벽하고 싶은 사람입니다."

이 말을 보는 순간 한 대 얻어맞은 듯했다. 나는 늘 스스로 게으름을 탓했다. 계획을 세워도 제대로 해내지 못한 나에게, 그리고 막판에 벼락치기 하는 나에게 늘 '게으른 사람'이라는 딱지를 붙였다. 더 빨리, 더 잘하라며 채찍질하곤 했다. 그럴수록 점점 계획성과 멀어졌다. 시간 관리와는 더욱 멀어졌다. 일정이 꼬이고 내 속은 더 꼬여갔다. 그런 꼬인 속이 저 문장에 확 풀리며 안개가 걷혔다. 난 완벽하게 해내고 싶었다. 계획을 세우면 하나부터 열까지 다 해내고 싶었고, 심지어는 내 맘에 쏙 들어야 했다. 나는 요리 초보자가 요리장 수준의 맛과 속도를 원했다가 한계에 부딪혀 나가떨어진과 같은 상태였다. 대체 어떻게 해야 요리를 잘하는 거냐며 요리를 안 하기도 했다. 그렇게 몇 년이 흘렀다.

"시간 관리는 내가 늘 하던 것 중 무엇을 포기할지 먼저 결정해야 합니다."

허필선 작가의 시간 관리 강의에서 이 말을 듣고 뒤통수를 한 대 맞은 느낌이었다. 나의 첫 번째 착각은 내 일상에서 더 많은 것을 해야 한다는 생각이었다. 하루는 24시간이다. 난 그중 많은 시간동안 웹소설을 읽거나 멍하니 있거나 혹은 다른 짓을 하며 보냈다. 그리고 그 익숙한 행동을 계속하면서 해야 할 일들을 더 집어넣으려고 했다. 그러니 당연히 버겁고 힘들 수밖에 없었다. 나의 시간 관리는 이미 가득 찬 컵과 같았다. 가득 찬 컵에 무언가를 더 쑤셔 넣고 싶어 했으니 성공할 수 없었다. 당연한 결과였다. 그래서 내 하루를 곰곰이 살펴보았다. 내가 생각했던 것보다 많은 시간에 카카오톡을 읽거나, 웹 소설을 보거나, 사회를 알아본다며 뉴스를 보는 등 흥미 위주로 시간을 보내고 있었다. 이런 것들이 재미있었고, 재미있으니 시간 가는 줄 몰랐다. 그 시간을 한 번에 다 뺄 순 없지만, 의식적으로 조금씩 줄이기 시작했다. 맨 처음 타깃은 가장 시간이 빠르게 가버리는 웹 소설 읽는 시간이었다.

웹 소설을 읽고 싶을 때 두 번은 참고 세 번째 십 분 읽기. 이게 내 첫 목표였다. 일하다가도 문득 좀 전에 읽었던 웹 소설이 궁금해질 때가 있었다. 그러면 '한번'이라고 기억했다. 두 번 참고 세 번째 보기로 한 나와의 약속을 떠올리고 다시 일에 집중했다. 이렇게 하니 일이 다 끝나지 않아도 왠지 뿌듯했다. 일에 집중하던 중 어느 순간 또 웹 소설이 생각났다. 그때는 설렜다. 왜냐하면 두 번째 참는 것이기 때문이었다. 이제 다음번 생각났을 땐 읽으면 된다. 다시 일에 집중했다. 이제 세 번째로 또 웹 소설이 생각났다. 시간을 보니 일에 집중한 지 약 오십 분 정도가 흘렀다. 순간 욱하는 마음에 '넌 오십 분 집중하는 동안 세 번이나 웹 소설을 보고 싶었던 거냐? 미친 거 아냐? 일에 집중 좀 해라.'라고 자신을 비난하고 싶었다. 그러나 두 번을 참은 것에 의미를 두었다. 이렇게 생각하니 기분이 좋아지고 오히려 내가 기특했다. 기분 좋게 웹 소설 앱을 켰다. 즐거운 마음으로 읽기 시작했다.

아뿔싸. 문득 정신 차려 보니 웹 소설을 삼십 분 넘게 읽고 있었다. 스스로가 한심해졌다. 습관적으로 나를 비난하고 싶었지만 애써 참았다.
"시간 관리는 선택입니다. 중요한 것, 순서를 내가 선택하면 됩니다."라는 허 작가님의 말이 생각났기 때문이다.
 십 분 읽기로 선택했지만, 시간을 어떻게 지킬지 생각하지 못했다. 알람도 맞추지 않았고, 무작정 십 분을 지키겠다고 마음먹었던 것이었다. 또한 시간 역시 무리한 선택이었을 수 있었다. 읽는 것을 좋아하는 내가 읽는 재미를 쉽게 끊을 수 있다고 착각했다. 그래서 처음 줄여보는 나를 고려해서 다음 번 웹 소설 읽을 때는 이십 분 알람을 맞춰보기로 했다. 다시 일하고, 웹 소설을 읽고 싶은 나를 바라보며 참아내고, 또 일에 집중할 수 있는 나를 보며 또 한 번 응원했다. 두 번을 잘 참아내고 보니, 어느새 시간은 한 시간 십 분이 흘러있었다. 집중했던 시간도 늘어났다. 차분하게 이십 분으로 알람을 맞추고 웹 소설을 읽기 시작했다. 신나게 읽던 중간에 알람이 울렸다. 순간 '이번 편만 끝까지 볼까?'라는 유혹이 올라왔지만 '선택'을 잘해야겠다는 생각에 웹소설을 끌 수 있었다.

그러자 어제 웹소설을 끌 때와 전혀 다른 나의 모습을 발견할 수 있었다. 어제는 스스로 비난하고 혼내기에 바빴다. '거봐라…. 또 웹소설이나 읽고 있었지? 어이구 시간을 아주 버려라. 버려.' 그러나 오늘도 웹 소설을 읽었지만, 기분이 좋았다. 이십 분을 지키며 유혹을 이겨냈으며, 무엇보다 오롯이 즐겁게 웹소설을 읽었다는 느낌이 들었다. 뿌듯했다. 웹소설을 읽은 것은 똑같았지만, 하나는 시간을 버린 것이고 하나는 시간을 짜임새 있게 쓰며 즐긴 것이었다.

한 달 넘게 시간 관리를 해보니 완벽하고 싶은 욕구를 충족시킬 나만의 방법 세 가지를 찾았다.

첫 번째, 그저 선택일뿐. 무엇을 빼고, 어떻게 순서를 정할지는 오롯이 나의 선택이다. 마치 선물 상자를 채울 때 상대에게 필요한 것들로만 채우듯, 불필요한 일정은 빼고 필요한 것만 넣으면 되었다. 매일 시간 관리를 하면서 나에게 딱 맞는 선물 상자를 포장하는 것과 같았다.

두 번째, 제대로 못 했다면 선택이 잘못되었을 뿐 나 자체가 잘못된 것이 아니다. 자기 비난을 멈춰라. 과거의 시간 관리에서는 성공과 실패, 완벽함과 의미 없음만 있었다. 그러다 보니 완벽하지 못하면 실패한 것 같아서 다시 하고 싶지 않았다. 그러나 이제는 안다. 오늘의 미완성된 시간 관리 목표는 선택을 잘못한 것이었을 뿐 나의 능력이나 존재가치의 문제가 아니다.

세 번째, 처음은 누구에게나 익숙하지 않다. 익숙해질 때까지 포기하지만 않으면 된다. 잘 해낼 필요도 없다. 자신의 부족한 부분을 인정하면 된다. 못하니까 시작한 것이지 잘했으면 이미 시도할 필요도 없었을 것이다. 그 점만 잊지 않으면 된다.

그저 난 처음 시작하는 초보 요리사였다. 초보 요리사는 레시피를 봐도 이해하지 못 할 수 있으며, 레시피대로 하고 싶지만, 몸과 마음이 따로 놀 수도 있다. 초보 요리사는 요리가 손에 익을 때까지 반복해서 연습하면 된다. 그게 요리장처럼 요리하고 싶은 초보 요리사의 요리 익히는 비법이었다.

5장
설렘이 찾아오는 시간

5-1 삶을 풍요롭게 만드는 시간 관리 | 김규림 ···· 218

5-2 시간 부자의 행복 키우기 | 임윤정 ············ 222

5-3 아버지께 전화 드리기 | 이희수 ················ 227

5-4 여유로움에 이르는 길 | 이희수 ················ 232

5-5 시간 관리는 선택과 집중 | 이은영 ············ 237

5-6 시간이라는 보석 줍기 | 정일연 ················ 242

5-7 너도 이거 해봐 | 조영미 ···························· 246

5-8 타이머로 얻은 작은 행복 | 유효실 ············ 250

5-1 삶을 풍요롭게 만드는 시간 관리
| 김규림

  나는 무려 이십육 년 동안 금융인으로 살고 있었다. 1995년 내 나이 스물네 살에 S 생명에 입사했을 당시 S 생명에는 활동일지라는 노트가 있었다. 오전, 오후라는 시간대로 나누어진 칸에 날짜를 적고 내가 한 일을 간단히 메모할 수 있는 노트였다. 당시 나는 그 활동일지가 마음에 들지 않아 나만의 노트를 만들어 사용했다. 내가 만든 활동일지는 일을 리스트로 볼 수 있고, 시간을 같이 볼 수 있어서 기존의 노트보다 효율적이었다.

  그해부터 내 활동일지는 표본이 되어 새롭게 설계사들이 쓰는 활동일지가 되었고, 아직도 S 생명의 FC들이 영업 노트로 쓰고 있다. 그 오랜 세월동안 나는 금융인으로서 매일 나의 활동을 관리하고 기록했었다. 심지어 내가 활동비로 어디에 얼마를 썼는지까지도 철저히 기록했었다. 그러나 2023년 3월 금융인으로서의 내 인생이 어그러지는 일이 생겼고, 그 일로 심하게 스트레스를 받았다. 급기야 가을에는 갑상선암 진단을 받았다. 기존의 생활 패턴이 무너졌고, 절망적인 상태에 빠졌다. 누구보다 부지런히 살았다고 자부하기에 충격이 더 컸다. 지금까지 살아온 나의 삶이 모두 부정당하는 느낌이었다. '나는 이대로 살아야 할까? 앞으로 무엇을 해야 하나?' 하며 많은 고민에 빠졌다.

그렇게 낯선 매일을 맞이하던 어느 날, 허필선 작가가 나를 만나려고 예산에 왔다. 이런저런 얘기를 하고 나서, 시간 관리 다이어리를 만들었다며 '슬기로운 시간 관리 생활'이라는 노트를 주며 말했다. "한번 써보세요. 나름 괜찮을 겁니다." 무뚝뚝한 말과 함께 건넨 작은 노트였지만, 진심을 알기에 고맙다며 받았다. 하지만, 노트를 어떻게 사용해야 할지 몰랐다. 직장도 직업도 없어진 내가 시골에서 할 수 있는 일도 없고, 사람과의 관계도 막막한 상태였기에 쓸 일이 없어 보였다.

한참을 들여다보다 "한번 써보세요" 하며 주고 간 허필선 작가의 마음을 생각해서 쓰는 척이라도 해야겠다 싶었다. 처음에는 단순히 빈칸을 채우기 위해 상상으로 무언가를 썼다. 그리고 하지도 않았으면서 한 것처럼 메모했다. 왠지 그래야 할 것 같았다. 그러다 내 마음에 양심이 있었던지 그마저도 점차 미안하고 하기 싫어졌다. 그런데 어느 날부터 하루를 어떻게 보낼지에 대해 막연하게나마 적기 시작했다. "아침 7시 기상, 8시 아침 식사, 9시 독서…." 처음에는 이 시간을 실제로 지키지 못했다. 그러나 조금씩 내가 적은 계획들을 실행해 나가면서, 나의 일상은 점차 정돈되기 시작했다. 그렇게 하루 이틀 시간이 지나고 일주일이 지나며 삶이 달라져 갔다. 새롭게 할 수 있는 일도 찾고 사람도 새롭게 만났다.

슬기로운 시간 관리 노트와의 만남은 거짓 메모들에서 시작했지만, 어느덧 나의 실제가 되었다. 한 달 두 달이 지나고 나니, 내가 시간을 어떻게 쓰는지가 명확하게 보였다. 아침에 일어나는 시간이 규칙적으로 변하면서 하루를 더 길게 사용할 수 있었다. 아침 식사 후에는 산책을 하며 신선한 공기를 마셨고, 오후에는 내가 오랫동안 하고 싶었던 책도 읽었다. 처음에는 아주 작은 변화였지만, 작은 변화들이 쌓여 큰 영향을 미쳤다.

시간이 지남에 따라 나는 나의 시간을 더욱 효율적으로 관리할 수 있었고, 삶도 점차 제자리로 돌아왔다. 암 치료를 받으면서도 시간 관리를 했고, 삶의 균형을 유지할 수 있었다. 예전에는 스트레스와 피로에 시달렸지만, 이제는 나의 일상

속에서 작은 행복이 눈에 들어왔다.

'슬기로운 시간 관리 생활' 노트는 단순히 시간표를 작성하는 도구가 아니었다. 삶을 재정비하고, 나 자신을 재발견하게 해주는 중요한 도구였다. 직접 경험을 하며 시간 관리가 얼마나 중요한지 잊고 있던 사실이 되살아났고, 삶은 점차 풍요로워졌다. 지금도 내 삶의 나무는 매일 조금씩 풍요로워지는 중이다.

여러분도 자신의 시간을 효율적으로 관리해 보길 권한다. 아주 작은 변화가 큰 변화를 가져다 주는 계기가 된다. 나의 이야기가 누군가에게는 영감을 주길 바라며, 오늘보다 더 나은 내일의 삶을 만나길 응원한다.

5-2 시간 부자의 행복 키우기 | 임윤정

 워킹맘이던 나는 아침마다 분주했다. 시계를 보며 늘 마음을 졸였다. 어린이집에 가기 싫어 울며 발버둥 치는 아이를 아침도 못 먹이고 차에 태웠다. 아이를 어린이집에 떼어놓으면 마음이 무거웠다. 아이에게 미안하고, 아침부터 진을 빼니 나도 힘들었다. 출근해서도 업무에 집중하기가 쉽지 않았다. 당장 급한 일을 처리하느라 중요한 일을 지체할 때가 많았다. 쫓기는 삶을 살다 잠시 멈춤이 필요하다고 느꼈다. 결국, 일보다는 아이가 우선이라는 생각에 육아휴직을 신청했다.

 휴직하니 모든 일에 여유가 생겼다. 시간에 쫓겨 재촉하지 않으니 아이의 불안은 줄었고, 울음도 잦아들었다. 무엇보다 시간 부자가 된 기분에 행복했다. 아이가 점심만 먹고 하원해서 내게 주어진 시간은 오전뿐이었지만, 그 시간만큼은 온전히 나만의 것이었다. 커피 한잔을 들고, 창문 밖 하늘을 바라보는 일은 소소하지만 큰 즐거움이었다. 그런데 날이 갈수록 길게 느껴지던 시간이 점점 빨리 지나갔다. 집안일을 하거나 인터넷을 보다 보면 어느새 아이 하원 시간이다. 딱히 한 일도 없이 시간이 공기 중으로 흩날리는 듯했다. 마음이 점점 허무해졌다. 여유의 틈으로 허무함이 들어왔다.

 의미 없이 흘려보내기에는 너무도 귀한 시간이었다. '무엇을 할까?'라고 고민하다 책을 읽고, 글을 쓰기로 했다. 의미 있는 일을 하니 뿌듯했다. 더 많은 시간이 생기면 더 많은 책을 읽고 더 많은 일을 할 수 있을 것이라는 기대에 부풀었다. 그런데 막상 더 많은 시간이 생겨도, 읽은 책 분량이나 하는 일은 거의 차이가 없었다. 시간이 많아지니 마음이 느슨해지고, 나도 모르게 스마트폰에서 인터넷 기사를 끊임없이 보고 있거나, 아무 일도 하지 않을 때가 많았다. 통장 잔액에 돈이 많으면 돈을 헤프게 쓰듯, 시간이 많으니 시간을 헤프게 쓰고 있었다.

 하지만 시간 관리를 하면서 삶에 많은 변화가 생겼다. 지금은 일을 시작하면 마칠 시간을 염두에 둔다. 책을 읽을 때는 언제까지 몇 페이지를 읽겠다고 마음을 먹는다. 설거지할 때도 몇 시까지는 끝내겠다고 생각한다. 기한을 정해두면 늘어지지 않는다. 그렇게 아낀 시간에 중요하다고 생각하는 다른 일을 한다. 이제 더 이상 하루가 허무하지 않다. 시간이 공중에 사라진 듯한 느낌도 들지 않는다. 이제 시간을 늘리는 방법을 알고 나니 목표에 관심이 가기 시작한다. 마감 시간 관리의 보상으로 받은 시간에 무엇을 해야 가장 의미가 있을지 생각한다. 책을 읽을 때도 어떤 책을 읽어야 목표에 가까워질지 고민한다.

 기록하는 일도 중요하다. 올해 초 예쁜 다이어리를 신중히 골랐다. 맨 앞면에 한 해의 계획을 신중히 적었다. 하지만 작심삼일이라고 이후에는 그날 있었던 일이나, 누군가의 생일, 약속을 적는 용도로만 사용했다. 일 년 계획을 잘 세웠음에도 하루 계획은 쉽게 지나쳤다. 일 년간 책 200권을 읽는 게 목표였지만 막연하게 매일 많이 읽자는 식이었다.

 요새는 메모지에 기록하며 하루를 더 알차게 보내고 있다. 해야 할 일을 손으로 쓰고 눈으로 확인하는 일은 머리로만 떠올리는 것과는 다르다. 생각을 손으로 쓰는 작업은 명확해지는 작업이다. 막연함을 명확하게 바라보니 할 일을 정량화할 수 있었다. 하루 독서의 양을 명확히 하니 일주일 독서의 양이 예상되고, 한 달, 일 년의 독서량을 예상할 수 있었다. 한 발짝 물러나 나를 객관적으로 바라보게 되었다. 이제, 오늘을 잘 살아가면 미래는 어떤 모습일지 그릴 수 있을 것 같다.

  시간 부자일수록 시간을 아껴 쓰고 관리해야 한다. 자신만의 기준이 필요하다. 그래야 시간이 줄줄 새는 걸 막을 수 있다. 직장에 다닐 때는 투입한 시간을 월급으로 돌려받을 수 있었다. 휴직하고 나서 아이를 돌보며 이미 큰 가치를 실현하고 있지만, 시간을 어떻게 보내느냐에 따라 월급 이상의 가치를 만들 수 있다고 생각한다.

 '시간은 금이다'라는 명언처럼, 시간을 소중히 여기고, 무의미하게 흘려보내지 않으려 한다. 꼭 필요한 곳에 돈을 쓰면 아깝지 않듯, 시간을 중요한 일에 마음껏 쓰려고 한다. 성장을 위해 투자하는 시간이 많을수록, 원하는 삶에 가까워질 수 있다고 믿는다. 가족을 챙기는 일처럼 내 가치와 맞는 일에도 시간을 잘 배분하려 한다.

  앞으로 복직 후에도 시간 관리를 잘해 나가는 게 목표가 되었다. 어떻게 하면 인생을 잘 살지, 하루를 소중히 보낼지 생각하려 한다. 직장에서의 목표도 중요하지만, 하루 중 개인적인 목표를 위한 시간을 꼭 만들 것이다.

  요즘은 홀로 있는 시간이 즐겁다. 심심할 틈이 없다. 책을 읽고 글을 쓰고 운동을 하며 큰 성취감을 느낀다. 매일 밤 하루하루 성장의 발자취를 눈으로 확인하는 일도 즐겁다. 아직은 과정 중에 있지만, 시간 관리를 지속하다 보면 습관으로 자리 잡을 거라고 믿는다. 진정한 시간 부자가 되어 나와 가족의 행복을 키울 것이다. 시간 관리는 나에게 행복을 위한 디딤돌이다.

5-3 아버지께 전화 드리기 | 이희수

　시간 관리 프로젝트에 참여하며 할 일을 적다 보니, '나에게 중요한 일은 무엇일까?'라는 생각이 들었다. 매일 바쁘게 일을 하지만 막상 중요하다고 생각하는 일을 잊고 사는 듯했다. 내게 가치 있는 일이 뭔지 한참 생각했다. 결론은 사람이었다. 내 가족들, 내가 소중하게 생각하는 사람들에게 나는 얼마나 많은 시간을 쓰고 있는지 돌아봤다. 내 주위 사람들을 소중하게 여기는 마음에 비해 시간을 많이 사용하지 않고 있었다.

　삶이 그만큼 바빴을까? 그런 것도 아니다. 단지 너무 가까워서 굳이 챙기지 않아도 된다고, 챙기지 않아도 알고 있을 거라 믿고 있었던 듯하다. 시간 관리용 포스트잇에 소중한 사람들을 위한 시간을 적기로 했다. 대단한 일을 하는 것이 아니다. 그저 하루 한 사람씩이라도 돌아가면서 전화하기로 계획했다. 그렇게 나의 시간 관리 포스트잇에는 매일 소중한 사람의 이름이 쌓여갔다.

 장마가 들면서 간밤에 비가 많이 내렸다. 외출하기 위해 주섬주섬 짐을 챙기다 보니 새벽에 기록한 포스트잇의 일정이 눈에 띄었다. '아버지께 전화 드리기'라고 적혀있었다. 전화 한 통화 하는 게 뭐 그리 어려운 일이라고 잊고 있나 싶었다. 노란 포스트잇에 적힌 '아버지께 전화 드리기'라는 글을 마주하니 얼른 해야지 싶었다. '아버님께 마지막으로 전화한 게 언제였더라?' 한참 생각해도 잘 기억나지 않았다. 죄송스러운 마음이 밀려왔다.
 막상 전화하려니 무슨 말을 해야 할지, 갑자기 전화하면 무슨 일이 있어 전화했다고 걱정하시지는 않을지 생각만 복잡해졌다. 전화로 할 말을 준비해본다. 밤새 비가 많이 내렸으니 '아버지, 어젯밤에 비가 많이 내렸어요. 아버지 계시는 곳은 어때요?' 비 때문에 밤잠을 설치지는 않았는지, 식사는 잘 드시는지 등과 같은 상투적인 말들을 머릿속에 그렸다.

 오전 열 시부터 도서관에서 독서 토론이 있으니 그 전에 꼭 통화하고 싶었다. 게다가 아버지는 오후에 낮잠을 주무시곤 하니 오전이 통화하기 좋은 시간일 거다. 전화를 걸었다. 전화 음이 수차례 울렸지만, 전화를 받지 않으셨다. 외출하는 걸음에 또 전화를 걸었지만 역시나 받지 않으셨다. 무슨 큰일이 생긴 건 아닌지 마음이 급해졌다. 오전에 전화하기가 오늘의 목표인데 아버지의 목소리는 들을 길이 없었다.

평소의 나라면 한번 전화했다가 받지 않으면 그걸로 끝이다. 무슨 일이 있겠거니 생각하고 더는 전화하지 않았다. 오늘은 달랐다. 핸드폰에 붙여놓은 노란색 포스트잇에 '아버지께 전화 드리기'라고 적혀있으니, 왠지 조바심이 났다. 반드시 끝내야 할 숙제 같은 것이 되어 나를 붙잡고 있었다. 내 조바심은 한술 더 떠서 불길한 생각까지 끌고 왔다. '혼자 계시다가 넘어지기라도 하셨을까?'라는 방정맞은 생각까지 들었다. 아버지 못 뵌 지 한 달은 넘었는데 이러다가 무슨 일이라도 있으면, 아버지께서 잘못되시기라도 하면 어쩌나 하는 갖은 생각들이 떠올랐다.

이제는 꼭 전화해야지 하는 마음, 숙제해야 한다는 마음보다는 걱정이 앞섰다. 그동안 미처 전화도 못 드리고 찾아뵙지 못한 것에 대한 후회가 밀려왔다. 다시 연결하다가 결국은 아버지와 함께 사는 시동생에게까지 전화를 걸고 아버지의 안부를 확인하고야 전화 걸기를 멈추었다.

독서 토론이 끝난 후에 아버지로부터 전화가 왔다. "어, 나다."라고 말하는 아버지의 경쾌한 목소리가 수화기 너머로부터 들려왔다. 아버지의 음성을 들으니 그렇게 반가울 수 없었다. 안도의 마음과 함께 반가움이 더 컸으리라. '마음으로라도 편안하게 해 드려야지. 내가 할 수 있는 정성을 쏟아야지.' 하는 마음이 올라온다.

아버지를 위해 준비했던 상투적인 인사말은 사라지고 반가움과 걱정했던 마음을 쏟아냈다. 아침에 계속 전화했는데 왜 받지 않았냐고 원망했는데 아버지는 그저 웃기만 하셨다. 걱정했던 마음을 내려놓고 아버지와 기분 좋게 이야기를 나눴다. 아버지 젊었을 적 이야기가 시작되었다. 전화로 어머니 빈 자리에 대한 그리움까지 들어드렸다. 길어진 이야기 끝에 아버지께서 "얘야, 고맙다."라고 말씀하시는데 눈시울이 붉어졌다. 코끝이 찡하다. 자식이 당신을 애타게 찾고 걱정한다는 것만으로 고마움을 느끼는 것에 당황스러웠다. 나는 내 숙제를 해결하느라 전화했는데 아버지는 고맙다고 하신다. 부끄러움이 몰아쳤다.

포스트잇에 적힌 '전화하기'를 숙제하듯 해결하려고 했는데, 덕분에 아버지와의 거리가 좁혀진 것을 느꼈다. 시간 관리를 하지 않았다면 나는 여전히 바쁘다는 핑계로 주변 사람들을 잊고 살았을 것이다. 그러다가 아쉽거나 힘든 일이 있을 때 전화기를 붙들고 하소연하고 있었으리라. 소중한 사람들에게 매일 전화 한 통을 하면서 곁에 있는 사람이 얼마나 소중한지, 그들에게 내가 또 얼마나 소원하게 굴고 있었는지 깨달았다. 전화하면서 잊고 있었던 상대의 다정한 목소리에 일상에서 쌓여있던 스트레스가 살며시 사라졌다.

시간 관리는 급한 일만 적는 게 아니다. 그보단 꼭 해야 할 일, 나의 가치와 맞는 일, 이전부터 해야 했지만 잊고 있던 일을 하는 것이 더 중요할 수 있다. 소중한 사람과 전화 한 통화하는 것처럼 말이다. 오늘도 시간 관리 노트에 '**와 통화하기'를 적는다. 그 짧은 시간이 내게는 정다운 시간이고 나를 챙겨보는 시간이다. 시간 관리 덕분에 다정한 사람 중요한 사람에게 마음을 전할 수 있어서 다행이다.

5-4 여유로움에 이르는 길 | 이희수

나는 집안일이 싫다. 성격도 민감하지 않다. 굴러다니는 먼지 뭉치를 보기 전에는 뿌옇게 쌓인 작은 먼지 따위는 내 눈에는 보이지 않았다. 청소기만 돌려도 내게는 청소한 날이었다. 바닥에 물걸레질하고 먼지까지 닦는다면 손님이라도 오는 특별한 날이다.

정갈하고 깨끗하게 집안을 유지하는 것이 전업주부의 역할이라면 나는 수준 미달이다. 어쩔 수 없이 남편과 가사를 분담하는 방식으로 살았다. 남편이 출근 전에 청소기를 돌리고 나는 바닥을 닦았다. 둘이 장을 같이 보고 내가 밥과 반찬을 준비하면 남편은 설거지를 했다. 빨래를 널고 욕실 청소도 둘이 같이했다. 서로 약속하지 않았지만, 눈에 보이는 것이 있으면 각자 알아서 했다.

최근에 청소기를 돌리던 남편이 나를 찾았다. 힘없고 조용한 소리로 나를 불렀다. 오른손에 청소기 손잡이를 잡고 있었고 왼손은 허리에 대고 꾸부정하게 서서 고통을 호소했다. 허리를 삐끗한 것이었다. 며칠 동안 뜨거운 찜질을 하고 스프레이형 파스를 뿌렸는데도 통증이 가라앉지 않았다. 회복은 더뎠고 남편은 통증으로 힘들어했다. 그런 모습으로 출근하는 남편을 볼 때마다 안타깝고 미안했다. 내가 할 수 있는 일이 고작 스프레이 파스를 뿌려주는 것뿐이라 눈치도 보였다.

아픈 남편을 두고 혼자 청소하면서 '청소의 습관'이 떠올랐다. 이것이 정말 내게는 불가능한 미션인가? '하루 삼십 분만 하자!'라는 생각이 떠올랐다. 삼십 분은 평소에 나를 위해 집중하는 시간이다. 특히 하기 싫은 일을 할 때 주로 사용하는 방법이다. 책을 읽을 때 삼십 분 알람을 설정한다. 꼭 읽어야 하는 책이 있을 때 삼십 분이라도 집중하자며 읽었고, 습관이 되니 삼십 분 정도는 금방 지나갔다. 딴짓하지 않고 집중할 수 있어서 좋았다. 시간 관리 노트에 삼십 분 청소하기를 적었다. 이미 청소하는 습관이 장착된 것처럼 자신감도 생겼다. 우리 집을 반짝반짝 광이 나게 청소하겠다고 다짐했다.

처음에는 청소도 더디고 정리할 곳도 많아 시간이 오래 걸렸다. 삼십 분은 집 전체를 청소하기에 부족했다. 한 번에 다

하려는 마음을 내려놓고 매일 하나의 공간을 정해서 청소하는 것으로 바꿨다. 큰방과 작은방, 거실, 욕실 등을 하루에 한 곳만 청소했다. 어떤 날은 시간이 남아서 닦은 데를 또 닦으면서 흐뭇했다.

 다섯 평 남짓한 거실의 먼지를 쓸고 닦는데 십오 분이 채 안 걸렸다. 닦다가 놓치거나 미처 발견하지 못한 머리카락이 떨어진 게 있는지 살펴봐도 시간이 남았다. 자주 청소하다 보니 문틀과 소파 아래에 뭉쳐있던 먼지가 사라졌다. 좁은 장소를 삼십 분씩 청소했더니 사이사이 숨어있던 먼지들이 보이지 않았다. '삼십 분에 한 공간'이라는 목적이 차츰 사라져 갔다. 처음 삼십 분 걸렸던 하나의 공간이 이제는 삼십 분이면 두 곳의 공간이 깨끗해졌다. 매일 집을 청소한 지 2주 정도 지나자 청소하는 속도가 빨라졌다. 어느새 삼십 분이면 집의 절반을 청소할 수 있었다.

 집이 깨끗해지고, 청소에 익숙해지니 요령을 피우기 시작했다. '어제도 했는데 오늘은 쉬어가자. 하루 정도는 안 해도 괜찮지!'라며 청소를 미루기 시작했다. 하루가 이틀이 되고 삼일이 되면서 삼십 분 알람을 맞췄던 게 언제였는지 가물가물해 졌다.

이러면 안 될 거 같아 청소하기 미션을 다시 시작했다. 아침마다 시간 관리 노트에 '삼십 분 청소'라고 적었다. 알람을 맞추고 다시 청소했다. 하지만 며칠이 지나니 또다시 힘들었다. 내게 삼십 분 청소하기는 숙제였으며 노동이었다. 그것도 중노동이었다. 시간 관리 노트에 기록까지 되어있으니 안 할 수도 없고 매일 삼십 분 청소하는 시간이 내게는 고통이었다. 하기 싫은 일을 꾸역꾸역하다가 결국 2월 한 달도 못 채우고 인증하기를 멈췄다. '문제가 뭘까?' 고민스러웠다.

삼십 분이라는 시간! 왜 나는 삼십 분이라는 시간에 목메고 있었을까? 그동안 삼십 분으로 설정된 알람이 유용하다는 생각만 하고, 상황에 따라 다를 수 있다는 생각을 하지 못했다. 삼십 분이라는 틀에 갇혀 시간을 줄이거나 내일로 미뤄도 된다는 생각을 못 했다. 시간 관리의 본질은 기록된 일을 무조건 하는 게 아니라, 시간의 최적화를 만드는 것이었다. 조급함이나 불안함을 만들기 위함이 아닌 여유로움을 찾기 위함이었다.

이제 더는 삼십 분이라는 시간에 매달리지 않는다. 대신 청소는 필요할 때 필요한 시간만큼 하는 것으로 바꿨다. 이제 청소 시간은 일 분이 되기도 하고 삼십 분이 되기도 하고 때론 없기도 하다. 청소 시간은 상황과 청소의 양에 따라 바꾼다. 시간 관리란 결승선이 있는 스포츠가 아니다. '나'라는 나무가 잘 성장할 수 있도록 가꾸는 것이다. 경쟁하듯 일을 해치우려는 마음은 필요 없다. 흔들리지 않고 지치지 않는 꾸준함이 필요하다. 중요한 것을 잊지 않기 위해, 삶을 더 풍요롭게 만들기 위해 나는 오늘도 시간 관리 노트에 할 일을 적는다. 시간 관리 노트에 '청소'라고 눌러쓴 내 글씨가 반짝인다. 기분 좋게 책상과 거실을 정리한다.

5-5 시간 관리는 선택과 집중 | 이은영

　몇 년 전까지 나는 카카오톡 중독이었다. 카톡으로 대화를 하며 많은 시간을 보냈다. 특별한 취미가 없던 나에게 카톡은 유일한 스트레스 해소법이었다. 이렇다 보니 내 핸드폰은 조용할 틈이 없었다. 끊임없이 새로운 메시지가 오고 갔다.

　회사 일로 힘들 때 당장 수다를 떨면, 기분이 나아졌다. 맛있는 식당을 발견해서 친구들에게 알려주면, 음식이 더 맛있는 기분이었다. 아이를 키우면서 엄마들과 밤늦도록 육아 고충을 나눴다. 문제는 한번 시작한 대화가 때로 두세 시간 넘게 이어지는 것이다. 좋은 사람들과의 대화는 즐겁고 스트레스를 풀어주었지만, 지나간 시간이 아까웠다. 그럼에도 한 번 들인 습관은 끊기가 어려웠다.

　'어쩌다 스마트폰 없이는 한시도 살 수 없게 된 걸까?' 스마트폰에 빠져 현재에 집중하지 못하는 내가 한심했다. 그 날도 카톡으로 대화를 나누며 두 시간을 보낸 밤이었다. 나는 본보기가 되는 부모가 되고 싶었지만, 지금의 나는 그렇지 못했다. '더는 이렇게 시간을 낭비하지 말자'고 결심했다. 메신저 사용을 줄이는 것이 어렵다면, 할 수 없도록 끊어버리기로 했다. 나는 스마트폰에서 카톡을 삭제했다.

  카톡 어플을 지우자 모든 것이 불편했다. 갑작스레 이십 년 전으로 되돌아간 것 같았다. 친구들에게 양해를 구하고, 전화나 문자로 연락했다. 눈을 뜨면 새로운 메시지부터 확인했었는데, 이마저도 못하니 허전했다. 마치 세상과 단절된 듯했다. 이러다 모든 인간관계가 멀어지면 어쩌나하는 걱정도 들었다. 카톡이 없는데도, 조금이라도 심심해지면 나도 모르게 스마트폰을 찾았다. 그런 내 모습에 화들짝 놀랐다. 내 일상이 얼마나 조용할 틈이 없었는지 새삼 느꼈다. 그래도 카톡에서 벗어나 삶을 즐기다 보니 조금씩 나아지기 시작했다. 조용한 일상에 차츰 익숙해져갔다.

  카톡 없이 몇 주가 지나고, 나는 혼자 카페에 앉아있었다. 따뜻한 커피를 마시며 음악을 들으니 행복했다. 주위를 둘러봤다. 창밖으로 나뭇잎이 바람에 살랑거리고 있었다. 햇살마저 아름다운 날이었다. 카페 안은 음악 소리만 들릴 뿐 고요했다. 창밖을 한참동안 바라보며, 생각에 잠겼다. 현재 있는 곳에서 나에게 집중했더니, 마음이 편안했다. 예전의 나라면, 상상할 수 없는 일이었다. 나는 더 이상 작은 핸드폰 화면에 갇혀있지 않았다. 이젠 허전하기보다 홀가분했다. 드디어 스마트폰의 감옥에서 벗어났다는 것을 느낄 수 있었다. 누구의 방해도 받지 않고, 내 세상의 주인이 된 기분이었다.

그렇게 삶에 변화가 찾아왔다. 지금 이 순간 내 앞에 있는 사람과의 대화를 즐겼다. 아이와의 시간에 힘껏 집중했다. 그 전까지는 미처 깨닫지 못한 즐거움을 느꼈다. 시간이 지날수록 더 많이 보고 느낄 수 있었다. 스마트폰의 작은 세상에서는 볼 수 없었던 것들이다.

스마트폰에서 멀어지자, 일상에 생기가 생겼다. 평소라면 관심 갖지 않았을 일도 새롭게 보였다. 무엇을 해도 재밌었다. 집중도 잘 됐다. 우연히 대화법에 관한 책을 읽고 삶에 적용해봤다. 재테크 서적만 읽느라 무미건조했던 삶에 활력소가 됐다. 원체 배우는 것을 좋아했던 나였다. 자기계발서도 마음껏 읽고 경제 관련 온라인 강의도 들었다. 매일 책을 읽고 글도 쓰고 새로운 일에 도전했다. 생활에 찌들어 잊어버렸던 나를 재발견한 기분이었다.

모든 엄마들처럼 나도 아이를 키우면서 늘 바빴다. 저녁에는 체력이 바닥나서 아무것도 할 수 없었다. 메신저를 켜서 키득키득 웃다가 잠드는 것이 일상이었다. 남는 것은 없었다. 지나고 나면 허무했다. 카톡을 끊은 후로는 많은 것이 바뀌었다. 예상하지 못한 순기능들이 생겼다. 카톡을 안 하는 것에서 나아가 없던 시간을 찾았다. 에너지가 생기고, 마음은 단단해졌다.

지금껏 메신저에 집착했던 건 다른 사람의 호응을 얻고 싶었기 때문이다. 카톡 알람 소리에 즉각 반응하던 모습은 내 삶에 집중하지 못한 증거였다. 나는 그러한 타인의 시선에서 자유로워졌다. 내 삶에 집중하고 즐기는 일이 얼마나 행복한지 알게 되었다. 세상을 바라보자, 도전해보고 싶은 일들이 생겼다. 운동, 독서, 글쓰기 등 자기계발과 관련한 많은 것들이 줄줄이 따라왔다. 당연하게 삶은 더 풍요로워졌다.

중요한 것을 지키고 싶다면, 중요하지 않은 것은 포기하는 용기가 필요하다. 다른 사람의 시선이 두렵고 나만 유별나게 굴 수 없어서, 나쁜 습관을 지속하기엔 삶이 너무나 소중하다. 나 역시 카톡을 사용하지 않는다는 말을 지인에게 하기가 어려웠다. 나만 유난인 것 같아 구구절절 설명하기도 했다. 그럼에도 중심을 잡으려고 노력했더니, 상황에 휩쓸려 사라지는 시간을 잡을 수 있었다.

　나는 비워야 채울 수 있다는 말을 좋아한다. 바쁘다는 말을 달고 산다면, 비울 것부터 찾아보자. 세상에는 시간과 에너지를 빼앗아가는 유혹들이 넘친다. 그것이 나에겐 카톡이었지만, 누군가에게는 유튜브나 인스타그램이 될 수 있다. 여기에 들인 10분, 20분이 모이면 꽤 긴 시간이 된다. 그렇게 불필요한 습관을 없애면, 새로운 좋은 습관이 들어설 자리가 생긴다. 비웠더니 채워지는 것이다.

　시간 관리의 목적은 주체적인 인생을 사는데 있다. 나는 상황이나 나쁜 습관에 이끌려 사는 삶이 싫었다. 내 시간의 주인이 되어 멋지게 살고 싶었다. 내가 원하는 삶을 생각하자, 버려야 할 습관 하나가 걸러졌다. 나쁜 습관을 끊었더니, 현재에 집중할 수 있는 에너지가 생겼다. 이제는 그전에 없었던 힘과 집중력으로 하루를 보람차게 이끌어가고 있다.

　시간 관리는 불필요한 것은 비우고 현재에 집중하는 것에서 시작한다. 내 삶의 변화도 이런 작은 시도에서 출발했다. 삶이 복잡할수록 선택하고 집중해보자. 내게 주어진 하루하루를 더욱 만끽할 수 있다.

5-6 시간이라는 보석 줍기 | 정일연

　잠을 자기 위해 누웠다. 금방 잠이 잘 드는 편이라서 되도록 안 보려고 했지만 어디 맘대로 되는가? 누워서 뭉그적대다 옆에 있는 스마트폰을 집어 들었다. 팔을 쭉 뻗어 스마트폰을 보는데 손가락에서 슬쩍 미끄러져 얼굴에 떨어졌다.

　별이 번쩍한다. 외마디 비명이 나온다. '아!' 그리고 눈물이 핑 돈다. 이제 그만 자라는 신호인가 보다. 이럴 줄 알면서도 잠들기 전 스마트폰을 손에서 놓지 못한다. 아침에 일어나 어제저녁에 몇 시에 잤나 생각해보니 새벽 한 시 반쯤 잠이 든 것 같다. 잠자리에 누웠는데 바로 잠이 들지 않았다.

　베개에 머리를 대면 스르륵 잠도 잘 자는 나는 얼마나 좋은 체질인가? 천하태평도 아니건만 잠을 잘 자는 잠보이다. 이런 잠보가 알람이 채 울리기도 전에 컴퓨터 앞에 앉아 있는 나를 발견한다. 아침에 눈을 비비고 다섯 시에 일어나 zoom 모임이 시작되는 다섯 시 삼십 분 전에 모든 준비를 끝낸다.

zoom 기능에서 미백효과와 배경 흐리기로 우선은 예의를 갖추어야 한다. 세상으로 나를 드러내는 인사이기 때문이다. 겉치장보다 나이에 걸맞게 스며들도록 책을 많이 읽고, 참여하는 사람과 이른 아침의 상황에 대해 공감도 하면서 꽉 막힌 답답이로 살지 말아야지 생각한다. 그런 의미로 책 읽기 북클럽이나 지금 글쓰기 모임도 나를 다독이며 활력 있게 가려는 하나의 방편이다. 이불 속에서 '오늘도 zoom을 해야 하나?'라고 게으른 생각도 들곤 하지만 노력하지 않고 실천하지 않으면 아무런 발전이 없다는 것을 알기에 정신을 집중해서 일어난다.

요즈음의 나는 욕심을 너무 부리는 것은 아닌가 할 정도로 바쁘다. 인터넷을 조금 더 안다고 무슨 부귀영화를 누리는 것도 아니고 몰라도 괜찮다 싶을 때도 있다. 하지만 모르면 답답한 것도 있을 것이고, 빠르게 변하는 세상의 흐름을 놓치지 않기 위해 용기를 내어서 이것저것 배우고 따라 해본다. 행복한 북창고 시간 관리 프로젝트도 세상의 더 안쪽으로 들어서기 위해 참가했다.

하루 할 일을 '포스트잇'에 써보니 자질구레한 것은 생략되고 큰 줄기를 보며 계획을 세우게 된다. 또 어떤 날은 노트를 준비해서 전날과 비교하며 쓰기도 하고, 계획이 몇 줄 안 되어 여유 있는 날도 있다. 그런 날은 나를 다그치지 않고 자연스럽게 맡기는 날이다.

  마음이 급하다고 일이 빨리 진행되지는 않는다. 어떤 날은 술술 계획대로 잘 풀려서 지치지 않고 재미있게 보내기도 한다. 또 어떤 날은 일이 잔뜩 몰려 부담감으로 한숨이 나오기도 한다. 늦더라도 꾸역꾸역 일을 끝내고 자는 날은 뿌듯함이 밀려온다. 나 자신을 격려하면서 앞으로의 계획적인 시간 관리가 좀 더 구상되는 느낌이다. 다음 계획을 생각하고 있을수록 좀 더 일이 명확하게 보이는 게 시간 관리의 힘인 것 같다. 프로젝트를 하며 드는 생각이 '시간관리는 시간이라는 보석을 줍는 것과 같다.'였다. 보석을 줍는다고 해서 그저 주어지는 것은 아니다. 나의 노력으로 습득한 시간은 온전히 그 시간을 투자한 만큼 내 것이다. 시간의 주도권을 내가 잡고 끌어가는 것은 내가 주인공이고 그 시간을 사용하는 주체가 되는 것이다. "시간은 인생의 가장 큰 선물이다"라고 에브라함 링컨도 얘기하지 않았는가?

  어떠한 행동도 시작하지 않으면 아무 일도 일어나지 않는다. 그저 한발 한발 내디디면서 시간에 끌려다니지 말고 내가 조율하면 된다. '그래, 노력 없이는 안 되지!' 지금의 적은 노력이 습관처럼 조금씩 쌓여가면 시간을 온전히 나의 편에서 컨트롤 하게 된다. 시간을 관리하는 동안 눈에 보이는 일정은 조급하게 처리하는 것이 아니라 어떻게 조율하냐에 따라 여유로움이 달라진다. 이것이 시간 관리의 매력이다.

시간 관리하는 매의 눈도 조금씩 생기고, 또 느슨하게 조절할 줄 아는 여유가 생긴다. 다른 사람의 일정을 보면서 마음속으로 응원하기도 한다. 우리는 모두 시간을 조절하는 한 배를 타고 각자의 노를 저으며 스스로 돛대를 조절하여 가는 것이기 때문이다. 그 길은 우리만이 가는 길이다. 물론 무작정 가다 보면 길을 잃겠지만 선장인 행북지기를 믿고 간다.

바닷물이 햇빛을 받아 반짝반짝 눈이 부시듯 시간의 보석들이 여기저기 반짝인다. 나에겐 시간이 누구에게나 열려 있는 보석처럼 보인다. 다만 노력해야 시간이 나의 것이 된다. 나의 보석들을 주우러 시간 속으로 가보자. 나의 열정이 다할 때까지….

5-7 너도 이거 해봐 | 조영미

　오랜만에 저녁을 먹으러 삼촌 댁을 방문했다. 갑자기 방문한 거라 우리는 중식을 배달해서 먹었다. 짬뽕 맛집이라는데 다른 음식보다 탕수육이 너무 맛있었다. 지금까지 먹은 음식 중에 가장 많은 양이 내 배 속에 있었다. 숨을 쉴 수가 없었다. 음식을 치우고 앉아 있는데 사촌 동생이 "누나 이 책 읽어봤어?" 하면서 책 몇 권을 보여줬다. "이 책은 있고 이 책은 없어. 빌려줄래?" 그렇게 책을 두 권 빌리고 자연스럽게 책에 관한 이야기를 시작했다. 이야기하다가 문득 시간 관리가 생각났다. 나는 사촌 동생에게 얘기했다. "내가 요즘 시간 관리 프로젝트를 하고 있는데 들어볼래? 너도 이거 해봐!" 이런 얘기를 시작으로 내가 한 달 동안 했던 시간 관리에 관한 내용을 이야기했다.

　"제일 처음에는 네가 할 일들을 쭉 적어 봐. 그리고 그 일을 하는 데 걸리는 시간을 예상해서 적어보는 거야. 그 일들을 아침, 오후, 저녁으로 구간을 나눠서 적고 순서를 적는 거야. 오늘의 할 일 중에 가장 중요해서 오늘 내로 끝내야 할 일에 형광펜으로 칠하고 하루를 시작해봐. 처음에 누나가 했을 때 '난 왜 할 일들이 이렇게도 많지. 남들은 근무시간에 다 끝내는데 난 왜 맨날 일이 남는 거야?'라는 생각에 시작했거든. 첫날은 할 일을 적고 일을 시작했는데 그날에 다 못 끝낸 거야. 놀지도 않았는데. '역시 난 일을 못 하나 봐.' 하고 지나갔지. 둘째 날에 책상에 앉자마자 한 일은 인터넷을 보는 게 아니라 오늘 할 일들을 적게 되더라고. 그리고 '무슨 일부터 하지?'라는 생각이 들었고, 가장 빨리 끝낼 수 있는 일부터 하게 됐어. 일을 끝낼 때마다 줄을 긋는 게 재미있더라고. 무작정 그날 할 일 중에 가장 오래 걸리는 일들을 먼저 하다 보니 할 일의 리스트 중에 끝내는 일들이 적어진 걸 안 거야. 그래서 강의 녹화본을 봤지. 빨리 끝내는 일부터 해야 한다고 하더라고. 그래서 그다음부터는 일찍 끝내는 일부터 했지. 그리고 중요도에 대해 생각도 하게 되더라고.

무엇보다 가장 중요한 변화가 뭔 줄 알아? 내가 하루살이처럼 아무 생각 없이 하루하루를 보내고 있었더라고. 할 일 중에서, 오늘 할 일이 아니라 앞으로 삼 년, 오 년 년 후에 하고 싶은 일을 향해 뭘 했느냐를 찾을 수 없더라고. 난 오늘만 산

거지. 하나의 목표를 향해 간 적이 없는 거 같았어. 사실 뚜렷한 목적도 없는 거 같고. 그래서 내가 이야기해주고 싶은 건 너도 한 번 해보라는 거야. 물론 지금도 열심히 살고 있겠지만 나처럼 헤매지 말고 지금부터 네가 무엇을 하고 싶은지 정하고 매일 할 일들을 적고 지우고 하다 보면 달라지지 않을까?

너도 나처럼 변화하기 위해 열심히 책을 읽고 실천하려고 하긴 하는데 뭔가 한가지가 아니고 이것저것 다 해보고 싶어서 그런 거잖아. 나는 요즘 뭔가 뚜렷하게 찾지는 못했지만 내가 하고 싶은 일들이 생겨나는 거 같아. 그리고 그 일을 하기 위해 준비하려고 해. 이 포스트잇 한 장으로 시작했는데, 이 작은 포스트잇 한 장이 앞으로 나의 목적에 도달하기 위한 한 발 한발이 될 거 같아. 누나가 정말 추천해주고 싶어. 만약 하다가 모르는 거 있으면 물어봐. 알려줄게. 그런데 물어볼 것도 없을 거야. 정말 간단하거든."

열심히 사촌 동생한테 한 달 동안 있었던 일을 이야기해 줬다. 사진으로 올렸던 나의 일들, 그리고 저녁에 하루를 돌아보면서 쓴 이야기들을 보여줬다. 처음에 동생은 '이거 뭐?'라는 반응이었다. 나도 처음엔 이걸로 뭐가 변할까였으니깐. 그런데 나는 변하고 있는 걸 느끼기에 동생도 변화를 시도해보라고 열변을 토했다. 나도 모르게 자연히 그렇게 되었다. 단 한 달간의 시간 관리를 했을 뿐인데 나는 이미 행복한 북창고 시간 관리 방법에 빠져 있었고, 다가올 미래가 바뀌고 있다는 걸 느끼고 있었다. 그것도 포스트잇 한 장과 단 십 분으로 말이다. 사람을 바꾸는 것, 인생을 바꾸는 건 대단한 이론도 어려운 방법도 아니다. 세상에서 가장 쉽고 간단한 방법이 어쩌면 가장 적합한 방법일지 모른다. 농부의 옷 벗기기 게임에서의 승자가 매서운 바람이 아닌 뜨거운 태양이었던 것처럼 말이다.

누구나 바뀔 수 있다. 포스트잇 한 장과 십 분이면 말이다.

5-8 타이머로 얻은 작은 행복 | 유효실

　워킹맘의 머릿속은 항상 바쁘다. 아이들이 초등 저학년 때까지는 낮에는 직장에서 일하고 퇴근해서 집에 오면 아이들이 잠들 때까지 아이들 챙기고, 아이들이 잠들면 집안일을 해야 한다. 이런 상황에서 내가 하고 싶은 일들은 뒤로 밀려나기 일쑤였다. 잠자리에 누우면 '오늘 뭐 했더라? 바쁘기는 엄청 바빴는데, 한 것이 하나도 없네! 왜 나만 집안일을 다 해야 하는 거야!'라는 투덜거림 뿐이었다.

　그렇게 매일 일과 육아, 그리고 집안일에 온 시간을 다 쓰는 워킹맘이 온전히 나를 위한 시간을 낸다는 것이 어찌 보면 사치에 가깝다. 그러면서도 스스로 아이들에게 소홀한 것 같아서, 내 시간을 가질 때는 뭔가 잘못한 것처럼 여겼다. 이 일 저일 처리하느라 엄청 피곤한데도 빠져야 할 몸무게는 오히려 점점 늘었다.

슬시생(슬기로운 시간 관리 생활) 다이어리 프로젝트에 참여하며, 오전, 오후, 저녁 시간으로 나눠 일일이 타이머를 맞춰서 일하니 저녁에 여유시간이 생겼다. 여유시간이 생기니 이전보다 조금 더 나를 생각하고, 무엇을 하고 싶은지 찾을 힘이 생겼다. 누구의 아내, 누구의 엄마가 아니라 온전히 나로 존재하는 시간에 하고 싶은 일, 중요한 일이 무엇인지 생각해봤다. 첫 번째는 운동이었다. 정말 소박할지는 몰라도 적어도 그 일이 가족을 챙기느라 우선순위에서 밀려난 일이었다. 저녁 식사를 마친 후, 신랑이 슬슬 운동 나갈 채비를 했다. 늘 아이들과 동행했지만, 오늘은 아이들이 별로 나가고 싶지 않은 모양이었다. 신랑과 내가 집안을 돌아다니며 나갈 준비하는 것을 보고도 좀처럼 나갈 기미가 보이지 않고 책만 보고 있어서 조심스레 물어보았다.

"오늘은 쉬고 싶니?"

아이들의 눈이 반짝거리는 것을 보았다. 아이들은 아이들대로의 시간을 주고 신랑과 둘이서 집을 나섰다. 아파트 코너를 막 도는데 코끝에 스치는 시원한 바람결이 좋았다. 그리고 내가 누리고 싶었던 이 시간에 내 옆에는 "우리 둘이서 나오는 것이 얼마 만이야! 온 세상에 너랑 나랑 둘이 있는 것 같다."라며 감탄하는 내가 사랑하고 나를 사랑해 주는 사람이 함께하고 있었다.

'아~ 시원하다.'라고 느끼는 순간 맡아지는 흙냄새. 마치 어렸을 때 식물 키우는 것을 좋아하셨던 친정 아빠가 마당에서 분갈이하실 때 맡았던 그 흙냄새 같았다. 그 순간 돌아가신 아버지 생각이 나서 눈물이 핑 돌았지만 늘 재밌고 행복하게 살라고 하셨던 말씀이 생각나서 더욱 기운을 내기로 했다. 운동뿐 아니라 소중한 사람들의 감사함을 느끼게 된 것도 슬시생 다이어리 프로젝트를 통해 얻은 열매이다.

그동안 미루고 미루던 운동시간 확보로 인해 하루에 30분~1시간은 거뜬히 걷기 운동을 하고 있다. 그날의 기분에 따라 걷는 길을 바꾸기에 날마다 새로운 곳에서 새로운 사람도 보고, 건물도 보고, 웃고 재잘대는 아이들도 내 눈에 담았다. 몇 달 운동하며 내 몸에 작은 변화도 생겼다. 좀처럼 줄지 않던 몸무게가 4kg 빠졌다. 평소 혈압이 높아 걱정이었는데 이 또한 감사한 열매가 아닐 수 없다.

식구들이 모두 깊이 잠들고, 나는 하루의 마무리와 내일을 계획하기 위해 식탁에 앉았다. 노트와 타이머, 펜을 가만히 바라보니 오늘 하루 감사하게 잘 살았다는 생각이 들었다. 지하 몇 층까지 내려간 나의 자존감이 서서히 올라온다. 손으로 할 일을 적고 일을 완수했을 때 줄을 긋는 그 쾌감은 느껴본 사람만이 안다. 종이에 쓰윽 긋는 울퉁불퉁한 느낌이 키보드보다 손글씨를 좋아하는 내게는 큰 성취감을 준다. 그리고 하나의 성공은 둘의 성공을 만들고, 둘의 성공은 그날 전체의 성공을 만든다.

무엇을 좋아하고, 무엇을 원하는지 몰라 답답해하던 시기에 슬시생 시간 관리 프로젝트에 참여했다. 할 일 노트와 타이머와 함께 그 안에서 차곡차곡 쌓은 작은 성공들로 인해, 어느새 내가 하고 싶은 일, 내가 원하는 미래가 조금씩 보인다. '다 이루고 싶다.', '더 하고 싶다.'라고 지금보다 더 나를 위한 선한 욕심을 가지고 누구의 아내, 누구의 엄마보다 내가 나의 주인으로서 오늘을 사는, 그리고 그 행복을 함께 나누는 사람이 되고 싶다.

에필로그

열심히 살면 잘 되리라는 착각

수많은 자기계발서에서는 이런 얘기를 한다. '목표를 가져라. 미래를 그려라. 습관을 만들어라. 계획을 세워라.' 하지만 이런 중요한 얘기를 보고도 많은 사람이 자신은 다 알고 있다고 생각한다. 다만 바빠서 하지 못하고 있을 뿐이라고 말한다. 그 사람은 분명 바쁘게 살고 있을 것이다. 그래서 성공한 사람들이 알려주는 성공전략을 따라 해볼 시간이 없다. 언제까지나 바쁘게만 살아간다. 그리고 언젠가는 얘기한다. "나는 정말 바쁘게 살았어. 근데 내 인생은 왜 항상 이런 거야?"

분명 그 사람은 자신의 인생을 바꿀 기회가 얼마든지 있었다. 다만 자신이 들으려고 하지 않았을 뿐이다. 성공한 사람들이 들려주는 성공전략을 자신은 알고 있다고 생각하고, 바쁘다는 이유로 실천해보지 않을 뿐이라고 말한다. 바쁘게,

열심히 살면 좋은 미래가 펼쳐질 것이라는 생각은 착각이다. 전략없이 열심히만 산다면 열심히 사는 사람 외에 될 수 있는 건 없다. 열심히 사는 건 기본이다. 기본에서 벗어나기 위해선 전략이 필요하다.

만약 몸이 바뀐다면

몸이 바뀌고 다른 사람의 인생을 사는 모습이 드라마에서 많이 나오는 소재이다. 그런 드라마들을 보면 주인공이 다른 몸에 들어간 후에 이전의 삶과는 완전히 다른 삶을 산다. 그래서 이전 삶과는 완전히 다른 모습이 된다. 당연히 그럴 것이다. 같은 몸이라도 살아온 삶이 다르고, 경험이 다르고 생각이 다르니 다른 삶을 살게 된다.

이런 생각을 해보자. 만약 내가 주인공의 드라마처럼 잠시 이 몸에 들어왔다면 이전에 하던 모습과 같은 삶을 살까? 아닐 것이다. 지금의 몸과 삶이 어떤 삶을 살았든 완전히 다른 삶을 살 것이다. 우리가 보이는 행동과 선택은 온전히 자신이 현재하는 생각과 선택에 따른 것이다. 과거에 어떤 이유가 있었던 자신이 원한다면 언제든 변할 수 있고, 완전히 다른 삶을 살 수 있다. 누구의 탓도 아닌 온전히 자신의 선택이다.

바쁜 것이 중요하지는 않다

 바쁜 건 당연하다. 문제는 어떻게 바쁘게 살 것인가이다. 해야 한다고 생각하는 일, 지금 하고 싶은 일, 손에 잡히는 긴급한 일만 한다면 아무리 시간이 흘러도 원하는 모습이 될 수 없다. 자신이 그리는 삶을 살고 싶다면 막연히 잘 될 것이라는 생각은 버려야 한다. 지금처럼 살면 지금과 비슷한 미래가 있을 뿐이다. 시간을 친구로 만들어 자신이 원하는 방향으로 시간을 사용하는 방법을 알아내야 한다. 시간은 분명 그 어떤 약보다 효과 좋은 만병통치제이지만, 그 사용법을 모르고 사용한다면 그 어떤 것도 고쳐주지 않을 것이다. 그저 야속한 친구로 남을 것이다.

 지금과는 다른 모습을 꿈꾼다면, 목표를 정하자. 책을 읽자. 행동을 하자. 그리고 글을 쓰자. 잘될거라는 망상은 버리자. 잘 될 수밖에 없는 시스템을 만들자. 시간을 관리하는 것은 우리가 만들 수 있는 최고의 시스템을 만드는 것이다. 그 누구도 시간의 힘을 이길 수 있는 자는 없다.